तरुण तपसी

लेखनाथ पौड्याल

तरुण तपसी
लेखनाथ पौड्याल
विधा: नव्यकाव्य

Tarun Tapasi (taruṇa tapasī)

by *Lekhnath Paudyal* (lekhanātha pauḍyāla)

Genre: Poetry

Cover design by *Manish Maharjan*

Author picture from *Madan Puraskar Pustakalaya* archive

ISBN: 9789937-9728-3-3

भूमिका

शैशवावस्थादेखि नै मलाई नित्य कविताको रसपान गर्ने अवसर मिलेको थियो; मलाई सह्यार्ने दुई जना धाईआमाहरूमा एउटी होमनाथको कृष्णचरित्र र अर्की भानुभक्तको रामायण गाएर पाठ गर्दथिन् । रामायण गाउने चाहिँ सङ्गीतज्ञा थिइन्, त्यसैले म रामायणतिर विशेष आकर्षित हुन्थें, उसमा पनि जब रामचन्द्रको बिदा हुने बेला आउँथ्यो, त्यो पनि जब शिखरिणी छन्दमा आउँथ्यो- 'गयो खान्या बेला मकन त मिल्यो राज्य वनको'- मलाई कविता लाग्दथ्यो । प्रायः पहिलेका नेपाली कविता शार्दूलविक्रीडित छन्दमा लेखिएका छन्, सो छन्दलाई जातीय छन्द भन्न सकिन्छ, तापनि हिमालयनिकट शैलशिखरमा बस्ने नेपाली हृदयको प्रतिध्वनि विशेष शिखरिणी छन्दमा भएको देखिन्छ; मुख्यतः जब कवितालाई रूवाउनुपऱ्यो अनि उनीहरू यही छन्दको प्रयोग गर्दछन् भानुभक्तले भक्तमाला यही छन्दमा लेखे- 'जगत्मा खुब् धायाँ न त सुफल पायाँ कहिँ रति', सत्यहरिश्चन्द्रवर्णनमा जब राजारानीको वियोग भयो, बडाकाजी मरीचमानसिंहले यही छन्द प्रयोग गरे- 'जसै

देख्दा देख्दै दुइ जनकनै ब्राह्मणजिले । लग्या ठोक्ते ठोक्तै...'
परन्तु यस छन्दमा अक्षरविन्यास अप्ठ्यारो भएकोले यो धेरै
बेरसम्म जान सक्दैनथ्यो । तापनि, हाम्रा अद्वितीय सिद्धहस्त
कविशिरोमणि लेखनाथले सम्पूर्ण काव्य यही छन्दमा रचिदिए ।
शैलीको विषयमा त मलाई यसो भन्नु छ कि 'तरुण तपसी'
मा यस्तो एक श्लोक छैन जुन नेपाली भाषाको औंठीमा छाँट
पारेर नकुँदी जडिएको होस् । आजसम्मको नेपाली श्लोकमा
एउटै सर्वोत्तम रोज्दा– अब यहाँनेर प्रथम भूमिकामा भूमिकम्प
हुन्छ: मैले 'तरुण तपसी' मा देखेको त रहेछु, तर त्यसलाई
अभ्र राम्ररी हेरेको रहेनछु, हो पढेको रहेछु तर राम्रो गुनेको
रहेनछु । आजसम्मको नेपाली श्लोकमा एउटै सर्वोत्तर, सर्वोत्तम
भनेर प्रथम भूमिकामा यस श्लोकलाई रोजेको रहेछु-

'म खाऊँ मै लाऊँ..
चिता खित्का छोडी अभयसित हाँस्यो मरिमरी'

अवश्य यो उत्तम छ तर यसलाई सर्वोत्तम भन्दा 'तरुण
तपसी' का कैयौँ उत्तमोत्तम कविताप्रति अन्याय तथा अनुचित
व्यवहार हुन जान्छ । दृष्टान्तमा-

'खडेरीले पोल्दा तन सब शुक्यो.......................'
'विधाताको लीला-वश पयर विस्तार थिरियो'
'जसै बल्भे माखा...............................'
'म जन्मेको मात्रै तन शिथिल.......................'

'कहाँ मेरो त्यस्तो तप-नियमको सिद्ध-सपना'

'कतै छाला लत्क्यो...'

'कतै ! त्यो बेलामा कठिन जुन सङ्कष्ट सहन'

'गुणी ज्ञानी ध्यानी ऋषिमुनिहरूसम्म सकल'

'थिये खाली दोटा करङ बिचराका.......................'

'म रून्थें साथैमा दिन पनि अँध्यारो मुख गरी,
सधैं रून्थ्यो मेरो अनुकरण गर्दै धरधरी ।'

'लिई श्रद्धा एकै परहित-महामन्त्र-जपको'

'म घ्रौता, त्यो चौकी विधिविहित देवालय सरी'

'पखेटाको हम्को, स्वर-मधुरिमा कण्ठतटको'

'व्यथाको जो ज्वाला विकल उस चीत्कार-रवमा'

'चरीको त्यो 'चीं-चीं-मय' रूदन वा ऋन्दन कडा'

'निभ्यो साह्रै राम्रो अमरपुरको दीप छिनमा'

'शिकारीको झम्टा...'

'कुनै बेला तिम्रो गृह र फुलबारी वरिपरि'

'न शक्छौ यो आँशू टप टप टिपी चप्प पिउन
न शक्छौ मासूले दिनभर अघायेर जिउन
चुँड्यौ व्यर्थै मेरो मनुज ! तिमीले जीवन किन ?'

'हवामा पौडन्थें...'

'कदाचित् त्यो मेरी प्रणय-पुतली.......................'

'सिला खोजी चर्ने..'

'दया हो पृथ्वीको अति चहिकिलो पारसमणि'

म मर्ने हूँ मर्छू तर मिति नराम्रोसित चुक्यौ'

'चुचो साह्रै सानू..'

'कुनै चाहे नङ्ग भइ फगत दङ्ग गरिरहून्'

'चराको भैँ तिम्रो गगनतलमा सर्र उड्ने'

'चरीले छादेको फगत दुइ थोपा रगतमा'

डुबेकी देखैँ सकल पृथिवी त्यो बखतमा'

'विधाता माताको स्नतयुगलमा स्तन्य रसको'

'सबैकै साजा छन् धरणि जनजी................'

'अँध्यारा पैसाको जति जति बढ्यो सञ्चय-कला'

'जती शक्छस् कालो गगनपथ आलोकित गरा'

'कुनै द्यौता जस्ता सुघर सुकिला बाहिर भने'

'जती जस्ले जान्यो गरम पसिना टिप्न अरूका'

'थियो जस्तो पैले चटकमय त्यो धर्म नकली'

जुट्यो उस्तै आई चटकमय विज्ञान नकली'

'म सम्झ्यो मै मात्रै, गुरुचरण सम्झ्यो गुरु गुरु'

'जटा मासू छाला सहित हितको जीवन पनि'

यसरी उद्धृत गर्न थालेको पक्षमा प्रायः 'तरुण तपसी'
का जम्मै श्लोक उद्धरणमा आउँछन्, किनभने लेखनाथीय

कविताको प्रकृति नै यस्तो छ, विशेष गरेर 'तरुण तपसी' मा लेखनाथको पूर्ण प्रकाश छ ।

१– हामी जब प्रत्येक श्लोक छुन्छौं अनि कुनै सुर लागेको तारमा हात परेजस्तो हुन्छ, त्यो बज्दछ । लेखनाथका पदपद सङ्गीतमय छन् । उनीभन्दा अगाडिका नेपाली भाषामा लेख्ने कविहरूमा भानुभक्तको शैली सरल र मीठो छ, तर लेखनाथको स्पर्शले नेपाली कवितामा युग परिवर्तन भयो, त्यो संस्कृतजत्तिकै उच्च संस्कृत बन्यो । लेखनाथलाई पाएर नेपाली भाषा गौरवान्वित भयो । उनीभन्दा पछाडिका कविहरू पनि अवश्य उनीबाट प्रभावित भएका छन्, परन्तु जुन विशिष्ट गुण छ, त्यो उनैसित सुरक्षित छ; जुन कसैले राम्ररी हात पार्न सकेका छैनन् ।

अहिले अरू कुरालाई पन्छाएर केवल शैलीलाई लिंदा पनि जब हामी एक-एक श्लोक एक-एक पाउ पढ्दै जान्छौं, हामीलाई कुनै दिव्य सिँढी उक्लँदै गएको अनुभव हुन्छ- कत्रो गाम्भीर्य ! कत्रो गुरूता ! पदपदमा कस्तो चमत्कृति ! लेखनाथ 'तरुण तपसी' मा स्पष्ट रूपले अद्वितीय छन्, कति धनी लेखनी !

२– रूखलाई लिएर संसारमा धेरै कविले कविता लेखेका छन्, कसैकसैले अद्भुत कल्पना पनि गरेका छन् । परन्तु, रूखलाई तपसी बनाएर आदिदेखि अन्त्यसम्म जुन किसिमले त्यसलाई कविले निर्वाह गरेका छन्, त्यो संसारको काव्यजगत्लाई नै

एक सृष्टिप्रदान भएको छ । बालककालदेखि ठूलो काव्यसाधना तथा दार्शनिक अनुभूति नभई वृक्षसित तदाकार भएर 'तरुण तपसी' जस्तो सर्वश्रेष्ठ काव्य लेख्नु असम्भव छ । त्यसमा हामी त्यतिसम्म एकाकार पाउँछौं कि कैयौं ठाउँमा लेखनाथ बोलेको र रुख बोलेको हामीलाई एकात्मक लाग्दछ । जस्तो–

'जमायेँ लाचारीसित जमिनमा आसन कडा
बन्यो छायाशाली उपर भरियो गोल मुहुडा ।
जती जस्तो आओस् नियतिवश शीताऽऽतप-हुरी
भयेँ त्यो हेलैले सब सहन शक्ने ननिहुरी ॥'

यो कसले बोलेको ? रुखले ? हो, तर के यो उनी 'पिंजराको सुगा' लेख्ने कविको असी वर्षको अनुभवी आत्मकहानी होइन ? हो, हो–

'सब सहन शक्ने ननिहुरी'

कविको कत्रो आत्मसम्मान, आत्मविश्वास ? यस्तो यो कहिल्यै ननिभ्ने ज्योतिले आफ्ना समकालीन अरू प्रायः सबै कविहरूको प्रतिष्ठामाथि लेखनाथ तरुण भएर बलिरहेका छन्; नेपाली भाषाको दशा (दियोको बत्ती) सित सदैव बलिरहनेछन्, यसमा सन्देह छैन ।

अगिल्लो भूमिकामा मैले 'तरुण तपसी' लाई प्रसिद्ध 'मेघदूत' र ग्रेको 'एलिजि' सित दाँज्न पुगेको छु । कुनै अवयवमा, आकारमा तथा शैलीमा यिनीहरूको दँजाइ उत्तिको अनुचित

छैन; अवश्य आशय कालिदासले मीठा वर्णन गरेका छन्, बादललाई गरेको सम्बोधनमा प्रतिभा झल्केको छ, उच्च कल्पनाहरू छन्, ग्रेको एलिजि पनि सुन्दर छ; परन्तु एकदेशीय छन् । 'तरुण तपसी'-ले एउटा वृक्षको रूदनलाई मात्र बुझेको छैन, उसले समस्त मानवजातिका आस्था, अहङ्कार, भावना, प्रेम र दौर्बल्य, उच्चता र नीचनालाई समातेर दर्शन गराएको छ, यति मात्र होइन भविष्यलाई समेत औँल्याएर आधुनिक उच्छृङ्खलतालाई सावधान हुने सन्देश दिएको छ, त्यो पनि कति सुन्दर कलाले–

'मट्याङ्ग्रो माटाको जुन कुरूचिले आज भवमा
बन्यो, सोही पापी कुरूचि पछि सल्केर सबमा ।
कडा गोला गोली कठिन चिजका लाखन थरी
खडा भै पार्नेछन् सकल धरणीमा थरहरी ।।'

नेपाली रूचि र परम्पराअनुसार 'तरुण तपसी'- मा तरूको कल्पना प्रतीकवादी भएको छ, त्यसो हुँदाहुँदै पनि कविता दोबरिए पनि त्यो पातलो रेशम अथवा नाइलनले छोपेजस्तो स्पष्ट देखिने भएको छ ।

३– कविशिरोमणि लेखनाथको कलमले ढुङ्गा, मूढा, रूख, पात, डोको, नाम्लो जेलाई छोए पनि त्यो सुन्दर कवितामय हुन्छ, 'सत्यकलि संवाद' को–

'काढी तरक्क पसिना दिनरात डोको

बोके पनी उदरगर्त रहन्छ भोको

यो जस्तै यसमा पनि-

'कहन्थ्यो नाम्लाले जड मगजको हूँ म पगरी
निचोर्दै छू तेरो समझ अथवा ज्ञान गठरी'

यस्ता अनेकौं उदारहण उत्रन सक्तछन् । अझ जब लेखनाथ चरालाई छुन्छन् तब उनी यथार्थमा द्विज बन्दछन्- लाग्दछ, उनी चराको भाषा बुझ्दछन् । मन उठ्तछ 'षष्ठ विश्राम' यहाँ फेरि जम्मै उतारूँ, तर अहिले म चारैतिरबाट सोहोरी भूमिकालाई छोट्ट्याउने प्रयत्न गरिरहेको छु । तैपनि यी दुई पङ्क्ति उद्धृत गर्दछु- यसमा ध्वनि अनन्तसम्म प्रतिध्वनि भएझैँ लाग्दछ-

'चरीको 'चीं चीं' मा उस बखत मैले जुन कुरा
सुनेथें त्यो सुन्दा तिमि पनि हुनेछौ अधमरा ।'

अनि 'करूणामय त्यो कथा' प्रारम्भ हुन्छ- 'शिकारीको झम्टा' ले मानिसको हृदयको कठालो समातेर कवि हामीलाई आदर्श कवितामा हाम्रो अनुहार देखाइदिन्छन्, हामी लाज पचाउन सक्तछौं तर चिन्तन नगरी सुख छैन, अनि हामी आफूलाई रूँदै मासु खान लागेको पाउँछौं । 'शिकारीको झम्टा' ले भन्दा लेखनाथको एक-एक कविताले हामीलाई झम्टन्छ, झम्टा दिन्छ । महाकवि देवकोटाको 'हुरीको गीत' लाई म यहाँनेर सम्झन्छु, त्यो आँधीबेहरी लेखनाथमा छैन,

उनमा त मन्द मधुर सुगन्ध शीतल कस्तूरीको सुवास आउने हिमालयमारूतको गति छ, तर कति ओजस्वी गौरवपूर्ण पाउ, एक-एक चरणले हृदयको द्वार घचघच्च्याउँछ । अनि सप्तम विश्राममा गएर करुणरसले यसरी विश्राम लिन्छ–

'चरीले छादेको फगत दुइ थोपा रगतमा'

हुन ता लेखनाथले कवितालाई सदैव सुदुपयोग गरेका छन्, उसमाथि पनि उनका कविता सधैँ अनेक वाद र सङ्कुचित साम्प्रदायिकताभन्दा माथि केवल मानवतामा आधारित छन् । तथापि; यी सब गुणलाई एकातिर राखेर पनि कविता निरपेक्षा सुन्दर हुन सक्छ भन्ने उदाहरणको निमित्त त लेखनाथ सर्वश्रेष्ठ छन्, यो उनको प्रतिभालाई तपस्याले दिएको आशीर्वादको परिणाम हो ।

यसरी 'तरुण तपसी'- का उन्नाईस विश्राम लगाएर उनले रूखलाई जिउँदो महात्मा बनाए, आफू पनि कविऋषि बने । रूखमन्तिर बास; रूखको बाल्यकाल; पशुहरूको र रूखको सम्बन्ध; विभिन्न ऋतुमा रूख; रूखमा चरा; चरीको चीं-चीं; रूखको शान्ति; धनी र गरीब; भोको अतिथि; धनसञ्चय; क्रयविक्रय; जुगाकीरी; पसीनाको खिँचातानी; अन्धविश्वास; धर्म र विज्ञान, समाधि; निष्काम कर्म, हाँसो; अनि रूखको रूखै; यस किसिमले उन्नाईस दृष्टिकोणबाट रूखलाई हेर्दै र रूख चढेर मात्र होइन त्यसभित्र पसेर संसारलाई हेर्दै कविले यस काव्यलाई सगरमाथाको राष्ट्रसुहाउँदो बनाए ।

स्वास्थ्यकर प्रतिस्पर्धा साहित्यको उत्थान गर्ने प्रवृत्ति हो । लेखनाथपछिका कविहरू र अत्याधुनिक कविहरूले कविताशैली अथवा कवितात्मक सौन्दर्यचेतनापट्टि लेखनाथसित हार खाए । क्रमशः त्यतापट्टिको साधनामा ह्रास हुँदै गयो । सौन्दर्यचेतना होइन विशुद्ध चेतनापट्टि कविहरूले प्रगति गर्दै गए । लेखनाथपछि नै बाहिरी संसारका साहित्यको प्रभावले नेपाली साहित्यजगत् प्रभावित भयो, १९९२ अझ १९९३ साल कार्तिकदेखि अमेरिकाका वाल्ट ह्विटम्यानका स्वच्छन्दताले नेपाली साहित्यमा प्रवेश गऱ्यो । आधुनिकताको नाममा इज्रापाउण्ड, टीएस इल्यट र फ्रान्सका कविहरूबाट पनि हाम्रा कविहरू प्रभावित भए । अवश्य कविहरूमा आत्मानुभूति, आत्मसम्मान, आत्माभिमान, अस्तित्व-चैतन्य, असन्तोष, संवेदनशीलता, संशोधनीय भावनाहरू अन्य देशका प्रसिद्ध कविहरूमा जस्तै अटाई-नअटाई उकुसमुकुस भएर बढिरहेका छन्, आधुनिक दृष्टिकोणले कविहरूमा त्यो शोभा पनि हो । तर चैतन्यसित लेखनाथीय सौन्दर्य-चेतना हुनु पनि साहित्यिक अभिव्यञ्जनालाई उकास्ने एक आवश्यक साधन हो । त्यस विनाको चेतनायुक्त कवितासमेत मीठो रोटीमा बालुवाको किरिकिरी लागेजस्तो हुन्छ । म फेरि दोहोऱ्याउँछु- पिकास्सो कविहरूलाई नवीन प्रयोग र नवीन कल्पनाको निम्ति हामीलाई प्रशंसा गर्नुपरोस्, तर ऱ्याफल- कवि हाम्रा कविशिरोमणिको यश कहिल्यै धमिलिने छैन ।

२०१० सालमा 'तरुण तपसी' प्रकाशित भयो । २०११ सालमा नेपालका समस्त कवि-लेखकहरूले लेखनाथलाई अभिनन्दन समर्पण गरे, कविशिरोमणिलाई रथमा राखेर सबले ताने । स्वर्गीय श्री ५ त्रिभुवनबाट पनि अभिनन्दन प्रकट भयो । उस बेलाका प्रधानमन्त्री मातृकाप्रसादले पनि सो रथ ताने । कदाचित् जीवित कविको त्यत्रो सम्मान संसारैको निम्ति अद्वितीय थियो । त्यो सम्मानको निम्ति 'तरुण तपसी' निश्चय अधिकारी छ । हाम्रा कविराजा श्री ५ महेन्द्रबाट उनलाई रायल नेपाल एकेडेमीमा राखी शोभा बढाइबक्सेको छ ।

अन्त्यमा, म यही भनेर यो भूमिका टुङ्ग्याउँछु– लेखनाथले नेपाली भाषाको ऋण तिरे तर यो कुरा कविको कानमा नपरोस्, कविलाई चाहिँ लागोस्- 'म अझै ऋणी छु ।' उनी त्यो वृक्ष जस्तो बनून्, जुन नढली फल दिन छोड्दैन । हामी रसास्वादन गर्न पाइरहौँ । उनी चाहिँ सदैव हरियो, तरुण र चिरजीवी होऊन् ।

ज्ञानेश्वर
काठमाडौँ
२०२१ चैत ९

बालकृष्ण सम

तरुण तपसी

प्रथम विश्राम

१

रसीलो वर्षाको समय, दिन लम्बा, दिनकर
थिये क्यै ढल्केका गगनतलमा पश्चिमतिर ।
त्यसैबेला घुम्दै विजन पथको पादपमनि
पुगे कोही यौटा कविवर बिसाऊँ अब भनी ॥

२

मजाको चौतारी, वरपर सबै शून्य विजन
निकै टाढा पर्थे भवन, वन, वस्ती, उपवन ।
बहन्थिन् सामुन्ने कलकल नदी पुण्य-सलिला
अनेकौं देखिन्थे तट-निकटमा सुन्दर शिला ॥

३

शुक्यो बस्ता बस्तै सकल पसिना सर्र उनको
फुक्यो सुस्तै भित्री सरस कविता प्रेम मनको ।
झिकी सादा कापी, कलम अब लेखूँ म कविता
भनी ती टोलाये, तल तल चले देव सविता ॥

४

थियो आलो कान्ताजनविरहको चोट मनमा
फिका ठान्थे सारा विषय, तिनि घुम्थे विजनमा ।
तपस्याको लिन्थे लहड, तपकै वर्णनतिर
झुकाये त्यो प्यारो कलम, दगुऱ्यो दूर नजर ॥

५

तपस्वी कस्तो हो ? कठिन तपसको तत्व कुन हो ?
भनी गम्दा गम्दै दिनकर, त्यसै कुन्नि किन हो ?
गये सुस्तै सुस्तै मलिन भइ खस्दै जलधिमा
पर्‍यो सारा पृथ्वीतल मलिनिमाको परिधिमा ॥

६

कसी तेर्छौ चिल्लो घनपटलको नील कबरी
धरी उस्मा रातो चहक मसिनू चादर सरी ।
चली-हाली सन्ध्या-रमणी सबकै रङ्-रसमा
डुबी खेल्दै खेल्दै मधुर छवि छर्दै निमिषमा ॥

७

फिँजी मैलो झाँक्रो मलिन तमको व्याकुल बनी
बडो चर्को गर्दै हुँचिल-रवको ऋन्दन पनि ।
कुनै काली आली विकल विधवातुल्य रजनी
लडी छर्दै तारामय चहकिला भूषण पनि ॥

८

समेटी ताराको चहक सब एकै पटकमा
लपेटी त्यो सारा अति निविड मालिन्य-पटमा ।
घुस्यो चालो चालो विकटतम कालो घनघटा
जुटाई चारैतर्फ भुवनभरमा तस्कर-छटा ॥

९

न कोही बाँकी भो वन, नद, नदी, शैल शिखर
न ता झुप्रो, छाप्रो, शहर घर वा वस्ति बगर ।

जहाँ हेर्‍यो सम्मै, भुवन सब भो गाजलमय
खडा भैगो मानू विकट भय वा विश्व-विलय ॥

१०

उनी बस्ता बस्तै विरहवश त्यस्तो रूखमनि
फुकाएको कापी, कलम, मसिदानीतक पनि ।
गरी-हाल्यो कालो तरुण तमले चट्ट चटनी
कटारी भैँ लाग्यो कविकन कठै ! काल-चटनी ॥

११

मुटू धड्क्यो ज्यादा, पयर हुन थाले लुटुपुटु
टुट्यो चल्ने शक्ति, स्मरण भयले भो गुटुमुटु ।
नदेख्नाले अर्को गतिविधि कुनै त्यो रूखमनि
लडे चौतारीमा कवि 'शरण ल्यौ शङ्कर !' भनी ॥

१२

कडा त्यो ढुङ्गाको शयन, उसमा फेद रूखको
सिह्रानी, के पर्‍यो झटपट कठै ! नीद सुखको ।
परेको पाखामा अति विकल माछोमय बनी
बिताये वा काटे छटपट गरी कष्ट-रजनी ॥

१३

हवा चल्दै-आयो रिरिरिरि पछिल्लो पहरमा
बजायो तन्द्राले मधुर मुरली मस्त सुरमा ।
झकाई त्यै बेला अगम दहराऽऽकाश-बिचमा
पुगेछन् ती भित्री अमर-पदवीको नगिचमा ॥

१४

हरायो कान्ताको विरह, तपको कौतुक गयो
अकस्मात्, त्यो बाधा विकल मुटुको दूर धपियो ।
बिचैमा भेट्टाये मधुर उनले दिव्य सुषमा
डुबे ती चुलुम्मै निमिषभर तत्काल उसमा ॥

१५

न प्यारो चौतारी, न शरण लिने त्यो रूख खडा
न त्यो कालो मैलो जलद, रजनी त्यो न त कडा ।
न त्यो प्यारो कापी, कलम, कविताको भुटभुटी
कुनै फेला पारे अगम उनले शान्ति-ढुकटी ॥

१६

न यो द्यावा-पृथ्वीमय भुवनको भास उसमा
न ता बोक्रे मैले विषय-सुखको प्यास उसमा ।
अहा ! त्यो स्वर्गीय स्फटिक रुचि भन्दा शतगुणा
थियो कस्तो कस्तो अमृतमय निष्कञ्चनपना ॥

१७

शरत्को बेला होस्, अमृतकर लाखौँ टहटह
उदाऊन् बेदागी गगनभर गर्दै चहचह ।
प्रभा तिन्को उम्लोस्, तदपि उस आलोक-लवको
अगाडि त्यो सारा मलिन मयलै तुल्य नभको ॥

१८

सुधाको त्यो झर्ना, कवि हुन गये सीकर सरी
थियो त्यो शोभाको जलधि, कविजी मञ्जु-लहरी ।

मिठो त्यो मिश्रीको रस मधुर मिश्री कवि थिये
अहा ! कस्तो कस्तो अगम छविमा तन्मय भये ॥

१९

यसो हेर्दा श्रद्धासित नगिच भन्दा नगिचमा
डुबे ती दोटैको हृदयबिचको विन्दु बिचमा ।
उसो हेर्दा टाढा मन वचन भन्दा अति पर
इयत्तामा जस्को श्रुति सकल हुन्थे थरहर ॥

२०

लिये तिन्ले त्यस्मा निरतिशय तादात्म्य-रसको
ठूलो भक्ति श्रद्धा, तर विषय त्यो भाग्यवशको ।
मिलूँ भन्दा भन्दै गरम दुधमाथी तर सरी
तुरुन्तै उत्रे ती, हृदय-बिच लाग्यो किरिकिरी ॥

२१

म को हूँ ? त्यो के हो ? कुन चटकमा गद्गद थियेँ ?
कसो भो ? के के भो ? किन म सहसा बेगल भयेँ ?
कता लाग्यो त्यत्रो परम सुखको सागर भनी
घुमे निक्कै तृष्णा-तरल कवि फेरी फनफनी ॥

२२

बढ्यो चिन्ता ज्यादा, विरहवश आँशू गहभरी
भये, त्यै चिन्तामा कवि बहुत खेले लहबरी ।
त्यसै घुम्दा घुम्दै उस गहन चिन्ताबिच फसी
बिचैमा भेट्टाये विधि-वश कुनै दिव्य तपसी ॥

२३

अली मोटो अग्लो कद, जमिनमा छन् पद खडा
घुँडा, तिघ्रा, बाहू, उदर, उर छन् पुष्ट तगडा ।
कसीलो सल्कालो गठन तनको, दीर्घ मुहुडा
जटा काला, लम्बा, वसन तनमा वल्कल कडा ॥

२४

समुद्रैको जस्तो निरतिशय गाम्भीर्य मुखमा
सदा एकैनासे विषय-रसको दुःख-सुखमा ।
थिये ती खम्बा भैँ कठिन तपको, धैर्य-गुणको
भरीलो ओजस्वी नयन-युगको ज्योति उनको ॥

२५

ति हेर्थे आशाले वदन तपसीको पुलुपुलु
उनी तिन्को हेर्थे नियति-गति-रेखा टुलुटुलु ।
ति लोहाको टुक्रा-सदृश, तपसी चुम्बक थिये
त्यसै हेर्दा हेर्दै कविकल बलैले खिचिलिये ॥

२६

अघी जो झल्केथ्यो परम सुख वा शान्ति मनमा
उसैको क्यै पाये झलक तपसीको वदनमा ।
इनी को ? कस्ता हुन् ? भनि गम बढाये जति जति
स्वयं बढ्दै आयो तर अगमता नै उति उति ॥

२७

दया, मैत्री, श्रद्धा, प्रणय-रसले भित्र रसिलो
तपस्याले बल्दो तर हरघडी शान्त हँसिलो ।

प्रभा उन्को हेर्दा हृदय सब भो गद्गद अति
तुरुन्तै श्रद्धाले कविकन लगाये कुतकुती ॥

२८

'झुकी झझ्टै जोडी करयुगल 'बाबा ! हजुर को ?
कुटी यद्धा योगाश्रम कुन ? कहाँ हो हजुरको ?'
भनी सोधे श्रद्धा-सहित कविजीले जब अनि
उनी बोले 'मेरो चरित कविजी । लौ सुन' भनी ॥

२९

पुरी मेदै माटो दनुज दुइको सागर भरि
हावादारी गारो चिनिकत दिशाको वरिपरि ।
सफा नीलो तारा-जडित गगनै छादन कसी
बनायेको राम्रो भुवन-कुटियाको म तपसी ॥

३०

न तुम्बाको टण्टा, न त छ चिपिया, झोलि-झकडा
न ता छाला, माला, न धुनि, न कुनै गेरू-कपडा ।
न ता चेला-चाटी, न गुरू परिपाटी छ शरण
खडा छू एकाकी जमिन-बिच टेकेर चरण ॥

३१

पिता माता को हुन् ? फुन नियत वा कारण परी
लियैं यस्तो ठाडो कठिन जुनिमा जन्म कसरी ?
मलाई यो केही स्मरण अधिको छैन मनमा
म खोली हेर्दोछू प्रणयसित यो विश्व-महिमा ॥

'यहाँदेखिको प्रश्न र संवाद झकायेका विरही कविसितको हो ।

३२

सुती लेटी मिल्ने सुख-सयल जानैँ न त रति
न ता कोही तीर्थ-भ्रमण सुख भोगैँ अलिकति ।
जहाँ जन्मेको हूँ विधिवश उहीँ छू अझ खडा
सही लाखौँ चर्का विपद अथवा सङ्कट कडा ॥

३३

चिसा ताता बत्ती क्रमसित भरीला दुइ थरी
घुमेका छन् मेरा उपर कुटिया उज्ज्वल गरी ।
तिनैको त्यै लम्बा भ्रमण-विधिमा त्राटक[२] गरी
बित्यो मेरो सारा तरुण वय ठाडै हरि ! हरि ॥

३४

यति भनिकन लम्बा शास फेरेर फेरि
कवितिर अति तीखो नेत्रले खूब हेरी ।
मुनिवर चुप लागे, लागिहाल्यो समाधि
जलधि अचल भैगो, के रहन्थ्यो उपाधि ?

✦✦

---

[२] कुनै वस्तुमा आँखा नचिम्ली टकटकी लगायेर हेरिरहने मुद्राको नाम हो- त्राटक ।

द्वितीय विश्राम

१

बिचमा भुमरी परी परी
बहँदी सम्थरकी नदी सरी ।
फिर बग्न गयो उसै गरी
मुनिको शीतल सूक्ति-माधुरी ॥

२

चपेटा पर्नाले नियति अगुवा कर्मगतिको
लियेथेँ यो चोला जुन बखतमा लोकहितको ।
उसै बेलादेखी जुन जति सहेँ कष्ट कहर
सबै त्यो सुन्दैमा पनि तिमि हुनेछौ थरहर ॥

३

म जन्मेको मात्रै, तन शिथिल, मन्टो पनि लुलो
कलीला रौँ जस्ता पयर; अडिने शक्ति फितलो ।
पुव्वे दाहे ढुङ्गा तलतिर कडा, माथि छ खडा
कठै ! त्यो शून्यात्मा मलिन नभको शून्य मुखडा ॥

४

सहारौँ, सम्भारौँ, अशरण छ यो बालक भनी
मलाई को हेर्ने ? उस बखत माया-वश बनी ।

जती चल्थे फिर्थे, सब मतलबी नासमझ ती
कठै ! अन्धा जस्ता; विषय-विषले व्याकुल अति ।।

५

कतै दायाँ बायाँ तिलभर पनी नेत्र नधरी
जथाभावी चल्दा अबुझ बटुवा टम्टम गरी ।
म थर्कन्थेँ, भन्थेँ पनि गिडगिडाई तिनिकन
दुवै आँखा हेरी हिँड जमिनमा, अन्ध नबन ।।

६

ठुला साना प्राणी चतुर विधिका सन्तति सब
सबैको साझा हो प्रकृति गुणको भोग्य-विभव ।
सबै हाँसून् खेलून् सरल रसिलो जीवन धरी
धरालाई पारी प्रणय-रसले देव-नगरी ।।

७

बढी, बाटौं, भोगौं विषय-सुख राम्रोसित भनी
तिमी जस्तो गर्छौ प्रबल रूचि, उस्तै अरू पनि ।
ठुलो को ? सानू को ? सम छ सबको जीवन-विधि
सबैलाई प्यारो विषय-सुखको यो जलनिधि ।।

८

अहन्ताको ठोक्तै घट घट विषे दिव्य तबला
जगद्व्यापी एकै भुवनपतिको जीवन-कला ।
भई भोगप्रेमी हरतरहले घुम्छ भवमा
उसैको सत्ता हो अनुभव लिने भित्र सबमा ।।

९

'दया' भन्ने एकै मधुरतम पीयूष-रसको
पिई प्याला मीठो अनुभव लिँदै भित्र उसको ।
यता विश्वप्रेमी बन मतलबी भाव नधर
उतालाई सोभै अमर-पदवी हासिल गर ॥

१०

किरामा, पक्षीमा, नर, पशु, लता, वृक्षतकमा
अहो ! एकैनासे परम चितिको दिव्य चकमा ।
फुरेको देख्दैछौ तदपि किन गर्छौ धरमर ?
विवेक-ज्योत्स्नाले सकल धरणी शीतल गर ॥

११

तुलाले सानाको उपर करूणा दृष्टि नगरी
जथाभावी चल्द धरणि सब हुन्छिन् यमपुरी ।
कलीलो यो मेरो वय छ, बटुवा हो ! जनि गर
चलाऊ बिस्तारैसित नजरकै साथ पयर ॥

१२

कराई चिच्च्याई यसरि बिलना वन्दन गरी
म बोल्थें त्यो बेला विकल बिचरो न्याहुल सरी ।
कठै ! मेरो भाषा नबुझि सब चल्थे टमटम
हुनाले क्यै छ्यौमा उस दलनमा तै परिनँ म ॥

१३

कहाँ कस्ले कस्तो किसिमसित कुल्चन्छ शिरमा
भनी डर्दै, तर्दै नयन बटुवाका पयरमा ।

म गन्थेँ बाटोमा निशिदिन कठै ! जीवन-घडी
मजा मानी बुन्थेँ मलिन मुखमा जाल मकडी ॥

१४

जसै बल्भे माखा, मसक बिचरा जाल-बिचमा
अनी कालो कालोपम शठ शिकारी नगिचमा ।
पुगी दाह्रो धस्थ्यो रगत सब चुस्थ्यो तननन
म आँखा चिम्लन्थेँ सहन नशकी त्यो शठपन ॥

१५

कठै ! यस्तै यस्ता धरणितल नै नर्क गह्ठुका
गरी फिर्ने पापी कुटिल कपटी जीवहरूका ।
तमासाले गर्दा मन विकलतासाथ चिरियो
विधाताको लीलावश पयर विस्तार थिरियो ॥

१६

हवाको, धर्तीको, गगनतलको जो तिन थरी
बहन्थ्यो छातीमा रस-बल उसैको भर गरी ।
उठेँ सुस्तै सुस्तै, अलि अलि बढ्यो शक्ति मुटुको
उदायो यस्तैमा प्रखर महिमा ग्रीष्म ऋतुको ॥

१७

विजेताको मानू विकट विजयोन्माद-जनित-
प्रताप-ज्वालाले सदृश, किरण-श्रेणि-खचित ।
कडा ती दुर्दर्श ग्रहपति चढे मध्य नभमा
फिँजारी चौतर्फी भुवनभर सन्ताप भवमा ॥

१८

हवा, पानी तात्यो, धरणितल तात्यो, नभ पनि
अँगेनू भैहाल्यो रवि-किरण बल्दा दनदनी ।
तुला साना प्राणी सकल उसमा पिल्सिन गये
म त्यो बेला टिक्थेँ कसरि बलियो दैव नभये ?

१९

न ता मेरो काया प्रबल, न त छाया छ घनको
न ता स्पर्शै मिल्थ्यो पलकभर चीसो पवनको ।
कठै ! त्यो बेलाको अति विकल सन्तप्त मनको
अवस्था नै अर्को, सहजसित शक्ने कहन को ?

२०

खडेरीले पोल्दा तन सब शुक्यो, मस्तक भुक्यो,
छुट्च्यो मानू नाडी-चलन, पदमा जीवन लुक्यो ।
नमिल्दी हो ता त्यो बखत जननीतुल्य रजनी
म लिन्थेँ यो चोला बदलिकन अन्तैतिर जुनी ॥

२१

निशाले छर्थी जो अमृत-रस वा शीतलपन
उसैद्वारा गर्दै दिवसभरको दाह-शमन ।
जती चढथ्यो राती विकल मुटुमा जीवन-बल
उती घट्दै जान्थ्यो दिनभर सबै त्यो तलतल ॥

२२

सही चर्को ज्वाला नियति-गतिले बन्धन परी
रही त्यस्तो चालासित अधमरा जीवन धरी ।

बितायेँ त्यो गर्मी ऋतु सकल, वर्षा शुरू भयो
मलाई त्यो भाग्योदय-विधि-विधाता गुरु भयो ॥

२३

बजाई चौतर्फ विजय-नगरा त्यो घननन
उठी ठाडै गर्जी भुवनभर घुम्दै फननन ।
खडाभो कृष्णाऽऽत्मा जलद जब तेही बखतमा
खडा भो शोकाऽऽकुल मन खुशीको तखतमा ॥

२४

उज्ज्यालो आशाको चहक चुहुँदो चारु बिजुली
जती गर्थ्यो कालो घन-पटलमाथी झिलिमिली ।
उती हुन्थ्यो मेरो हृदय सहसा सर्रै सरस
थियो मानू प्राणै उस घनघटाको परवश ॥

२५

विधाता पग्ल्यो वा जलद-घटदेखी जल चुह्यो
सुध बर्स्यो यद्वा प्रकृति-जननीको दुध बह्यो ।
अहो ! जस्ले गर्दा लहलह भयो जीवन सब
निमेषैमा उर्ल्यो शत-शतगुणा वृद्धि-विभव ॥

२६

अकस्मात् मिल्नाले मधुरतम त्यो जीवन-सुधा
भयो मेरा लेखा अमर-नगरी तुल्य वसुधा ।
उदायेँ, मौलायेँ, जड पनि जमायेँ वरिपरि
पस्यो त्यै बेलामा तर मकन अर्कै थरहरी ॥

ऋमसित घटनाको चित्र सारा उतारी
विकसित मुख-शोभा शान्त गम्भीर पारी ।
किन किन मुनि फेरी बेसरी चक्कराये
मधुर अमृत बग्दो सूक्ति-धारा दबाये ॥

✦✦

तृतीय विश्राम

१

म   पनी   मुनि-वाक्य-माधुरी-
मुहुनीको वश बेसरी परी ।
चुपचाप थियैं शनैः शनैः
फिर निस्के मुनिका कुरा उनै ॥

२

बित्यो वर्षा, प्यारो जलन जल-धारा छरिछरी
हरी ग्रीष्म-ज्वाला, सकल पृथिवी शीतल गरी ।
पखेरामा लागी तुहिनगिरिको शङ्कर सरी
बस्यो यद्वा लेट्यो सुखमय हँसीलोपन धरी ॥

३

कुवा, खोला-नाला, सर, दह तथा ताल, तटिनी
सबै सङ्ले, झल्के, अति विमल ऐनामय बनी ।
जहाँ हेर्दा नीलो गगनतल चुलुम्म सकल
डुबेको देखिन्थ्यो मुनि-मन सरी स्वच्छ विमल ॥

४

खुले उद्योगीका शुभ दिवस जस्तै दश दिशा
निशाभन्दा राम्रा दिवस, दिनभन्दा अझ निशा ।
शरत्को शोभाले सब मलिनता दोष दबियो
अहा ! द्यावा-पृथ्वीमय भुवन यो कञ्चन भयो ॥

५

तपस्याको छाया भुवनभर पारेर सबमा
बढूँ सुस्तै सुस्तै, पर पर चढूँ नील नभमा ।
म भन्थेँ त्यो बेला पलपल ठुलो साहस धरी
बिचैमा चौतर्फ पशु धुरिन आये गरगरी ॥

६

कहाँ मेरो त्यस्तो तप-नियमको सिद्धि-सपना
कहाँ छोटा पेटू अधम पशुको त्यो पशुपना !
शिंगौरी खेल्दै ती निहुँ-पिहुँ झिकी लाखन थरी
निशाना मैलाई गरि खनिन आये वरिपरि ॥

७

कुनै मुन्टै टोकूँ भनि नयन दिन्थे उपर ती
कुनै खेल्दै चल्दै घुसुघुसु धकेल्थे मकन ती ।
कुनै दल्थे, मल्थे, हरकिसिमका युक्ति-बलले
कठै ! यस्तै चालासित कठिन धेरै दिन चले ॥

८

यताको यो बाधा, तल पयरमा कीट कठिन
तिखा दाह्रा धस्थे हरकिसिमले जीवन लिन ।
झुकी त्यो मौकामा जिनतिन कड्डा आत्मबलको
सहाराले सारा मरि मरि सहेँ घात खलको ॥

९

कतै छाला लत्क्यो, बलसित कतै चर्र चिरियो
कतै पल्ट्च्यो आलो उकुच, उसमा सूच भरियो ।

कतै तर्क्यो मर्क्यो, तन सब भयो घायल अति
मलम्पट्टी गर्थी फगत बिचरी नर्स नियति ॥

१०

कठै ! त्यो बेलामा कठिन जुन सङ्कष्ट सहन
परेथ्यो, त्यो ऐले पनि बहुत गाह्रो छ कहन ।
परीक्षा हो वा त्यो पर-हित-महामन्त्र-जपको ?
थियो यद्वा दीक्षा-विधि नियम त्यो तीव्र तपको ॥

११

ममा त्यो बेलाको विकट खत वा दाग अझ छन्
कसैको जान्दैनन्, मनुज सब अन्धा अबुझ छन् ।
कुनै जान्दो हो ता मनुज पर-पीडा अलिकति
मलाई के पर्थ्यो उस बखत त्यो घोर फजिती ॥

१२

हजारौँ ती धक्का रगडहरू खाँदै हरघडी
अडी काँपी काँपी कठिनसित; पुर्लुङ्ग नलडी ।
किशोराऽवस्था त्यो जिनतिन बित्यो व्याकुल बनी
हटे सुस्तै सुस्तै नियति-गतिले ती पशु पनि ॥

१३

नयाँ बढ्दो चढ्दो वय, मधुर पानी पवनको
सुबिस्ताको साथै धृति र बल उत्साह मनको ।
उपाधि-ज्वालाको प्रशम, सब यो सिद्धि-तरिका
जुट्यो, जस्ले गर्दा पिर सब भुलैँ जन्मभरिका ॥

१४

हवाको, पानीको, धरणि-जननीको रस-बल
लिँदै, प्यूँदै, गर्दै पल पल सबै अङ्ग सबल ।
म त्यो चौबाटोमा अटल बलियो आसन कसी
जमैं, मेरो भित्रि हृदय हुन थाल्यो अति खुशी ॥

१५

थियो मानू मेरो उस बखतको भाग्य हँसिलो
बहन्थ्यो चौतर्फी चमचम सफा कान्ति रसिलो ।
चरा तेही मेरो मधुर मुहुनीको वश परी
परी जस्तै झर्थे प्रणयसित गर्दै चिरिचिरी ॥

१६

कतै सुस्तै झुल्थे चहचह गरी चट्ट शिरमा
कुनै खेल्थे, डुल्थे, कलरव गरी मस्त सुरमा ।
कुनै भन्थे राम्रो किसिमसित हामी सब चरा
यसैमाथी पारौं अब गुँड बनायेर बचरा ॥

१७

चुचो ठाडो पारी वरपर निहारी गम गरी
कुनै भन्थे भारी श्रुति-मधुर झारी रसझरी ।
खुकला त्यों चौबाटो, बहुत घचिलो ठाम छ सब
यहाँ चल्छन् लाखौं शठ पथिक गर्दै कटु-रव ॥

१८

गुणी, ज्ञानी, ध्यानी, ऋषि, मुनिहरूसम्म सकल
चरामाथी गर्छन् हरतरहको बन्धन-छल ।

यहाँ बस्ता हाम्रो उपर पछि पर्ला कि खतरा
भनी गर्थे कोही बहस बहुतै नीति-चतुरा ॥

१९

कुनै भन्थे यस्को रूचिकर जटा-मण्डल जब
हुँदै जाला बद्दै गगनतल-चुम्बी अनि सब ।
सबै भन्दा माथि बसिकन गरौंला चहचह
भुली गाना गाई रसिक-गुरू गन्धर्वसरह ॥

२०

कुनै मेरो बद्दो वय-मधुरिमाको वश परी
परी जस्तै नाची पलपल ठुलो कौतुक गरी ।
गला फारी भारी प्रणयसित गर्थे कलरव
म त्यो सुन्दा भन्थें, अब सफल भो जीवन सब ॥

२१

छरीता फुर्के ती बहुत रसिला सुन्दर चरी
जती खेल्थे भिक्तै मधुर सुर-सङ्गीत-लहरी ।
उती मेरो अन्तःकरण उनको रङ्ग-रसमा
डबी गोता लिन्थ्यो, पलपल थियो दिव्य-सुषमा ॥

२२

म तेही लीलाले विकसित भयेकै समयमा
ठुलो शङ्का पारी चटुल चिडियाको हृदयमा ।
कुनै चङ्गा आयैं गगन-बिच खेल्दै लडिबुडी
थियो जस्को डुब्दो बहुत धमिलो जीवन-घडी ॥

२३

हवामा बिस्तारै ढुलु र मुलु गर्दै तल झरी
जटामा त्यो अल्झ्यो अलिछिन बन्यो लर्कन सरी ।
उदेकाई थालें सरल मनले गम्न म पनि
विधाताले टाँस्यो यसरि कुन विज्ञापन भनी ॥

२४

जटामा त्यो त्यस्तो किसिमसित उल्टो मुख गरी
ढलेकै वेलामा विधिवश चल्यो आँधि र हुरी ।
त्यसैले त्यस्लाई हरकिसिमले जर्जर गन्यो
भयो टुक्रा टुक्रा, फतफत सबै त्यो तल झन्यो ॥

२५

थिये खाली दोटा करङ बिचराका, तिनि पनि
उडायो कौवाले लगिकन बनाऊँ गुँड भनी ।
जटामा अल्झेको फगत रिलधागो अलिकति
रह्यो बाँकी, त्यस्ले फनफन घुम्यो मस्तक अति ॥

२६

कहाँ त्यो चङ्गाको ललित-गति-शोभा गगनको
कहाँ त्यस्तो चाँडो विकट दुरवस्था पतनको !
विधाताले मानू क्षणिकतम उत्थान-पतन
क्रियाको झल्कायो झलक करुणासाथ मकन ॥

२७

अहो ! हेर्दा हेर्दै अबुझ दुनियाँ लाखन थरी
मसीनू धागोमा कठिनसित गर्दै थिरिथिरी ।

उही चङ्गा जस्तै छिनभर उडी बन्धन चुँडी
बिलायेको देखेँ गगनबीच खेल्दै लडिबुडी ॥

२८

लटाईको धागो तरलतम सङ्कल्प मनको
कका मस्कायेको उभय-गति सुर्के पवनको ।
सदा उड्दो तृष्णामय गगनका कौतुक गरी
चमत्कारी चङ्गा सकल दुनियाँ नै हरि ! हरि !!

२९

कुनै ज्यादा माथी नयनयुगले भेट्न कठिन
कुनै ती लत्रेका तल तल धुलोमा जिनतिन ।
कुनै थोरै माथी गगनबिच भर्ने फुलजडी
अनौठाको शोभा हृदय-बिच भास्यो उस घडी ॥

३०

उता हेर्‍यो नौलो गगनतलमा लाखन थरी
उनै नङ्ग्रा चङ्ग्रा हरबखत गर्दै फिरिफिरी ।
उडेका देखिन्छन् तर सब चुँडिन्छन् निमिषमा
थियो कस्तो कस्तो क्षणिक तिनको केलि-सुषमा ॥

३१

यता कोही ठाडो किसिमसित निस्क्यो, फिर उता
उठ्यो अर्कै चर्को लिइकन कडा घात-कटुता ।
बडो बाङ्ग्रो टेढो गतिसित दुवै खूब भिडिये
कठै ! भिड्दा भिड्दै गति शिथिल भो, चट्ट चुँडिये ॥

३२

उभिण्डो भै लर्के तलतिर बिपत्तासित गये
नयाँ निस्के, आये, अलिछिन उडे, त्यै पथ लिये ।
सदा यै ढाँचाले निमिषभर विश्राम नगरी
चलेको देखेँ त्यो चटकमय लीला हरि ! हरि !!

३३

अहो !! आफू भिन्नै बसिकन ठुलो खायस गरी
ठुला साना चङ्गा त्यस किसिमले लाखन थरी ।
उडाई चौतर्फी चटचट चुँडालेर यसरी
बिपत्ता गर्ने त्यो कुन सकस होला हरि ! हरि !!

३४

त्यसै वेला यौटा विधि-नियमको दर्पण बनी
चुँडेको चङ्गा भैँ शिथिल रविको मण्डल पनि ।
गये ढल्दै ढल्दै, तल तल हुँदै, कत्ति नअडी
गुते अग्ला अग्ला हिमशिखरले कान्ति-पगडी ।।

३५

झन्यो मैलो पर्दा भुवनभर अर्कै प्रकृतिको
विवेकाऽऽलोक-श्री रहित मनभैँ मन्दमतिको ।
म डूबेँ त्यै कालो तम-जलधिमा त्यो समयमा
घुम्यो त्यै चङ्गाको चटक सब मेरो हृदयमा ।।

३६

यसरि   हृदय-हारी   भाव-गम्भीर   भारी
सरस सरस सानू सूक्ति-निस्यन्द झारी ।
मुनिवर   बनिहाले   मौनभावाऽभिराम
अलिछिन मन मेरो चक्करायो तमाम ॥

✦✦

चतुर्थ विश्राम

१

अलिबेर   पतङ्गका   कुरा
मनले खूब गमेँ पुरा पुरा ।
उनको जब मौन भङ्ग भो
अनि अर्कैतिरको प्रसङ्ग भो ॥

२

निशाले जो मेरो उपर तमको चादर धरी
उषाको त्यो हाँस्तै निमिषभरमा नै पर गरी ।
बित्यो एवंरीत्या रुचिकर शरत्काल सुखमा
परी-हालेँ मानू पछि त म कठै ! मृत्यु मुखमा ॥

३

स्वभावैले हो वा अविदित कुनै कर्मवश हो ?
दशाले हो यद्वा कुटिल विधिको कोप-वश हो ?
नजाने केले हो प्रकृति-जननीको मुख भरी
जम्यो कालो पोतो मधुर मुख-शोभा सब हरी ॥

४

मदारी भैँ छोप्तै नजर सबका गुम्म कुइरो
घुस्यो मानू रोप्तै मुटुबिच तिखो शीत-सुइरो ।

जगत्मा चौतफई मलिन भुसिलो भाव भरियो
दिनश्रीको साथै तन सकल मेरो गँगरियो ॥

५

पिट्च्यो पाता कस्तै विकट रिपु भै शीत शठले
तुषारोले मान्यो शिर सब थिची लात्ति हठले ।
चुट्च्यो, टोक्यो, ठोक्यो अधम हिमले हुर्मत लियो
हुरीले मुण्ट्यायो विकट गलहत्तीतक दियो ॥

६

बसेको बाटोमा गुठिल गठरीसाथ धनको
फसेको फन्दामा कुटिल कपटी दस्युजनको ।
कठै ! कोही निर्धो विकल बटुवा भैँ म बिचरा
भयँ त्यो पिट्टाले हल त चल यद्वा अधमरा ॥

७

चुहाई दिग्दारीसित मलिन आँशू तपतपी
कठै ! त्यो पिट्टाको कठिन पिर-बाधा सब खपी ।
रून्थेँ; साथैमा दिन पनि अँध्यारो मुख गरी
सधैँ रून्थ्यो मेरो अनुकरण गर्दै धरधरी ॥

८

कडा त्यो ठण्डीले सकल मुटुको ताकत जति
चुसी-हाल्यो, थाल्यो विवश दुनियाँ खुम्चिन अति ।
बिदा भैगो मानू उपचय-कला विश्वभरको
म जस्ता नङ्गाको उस बखत गर्ने खबर को ?

कुनै रूञ्चे जस्तो मलिन सविता दक्षिणतिर
कुनामा भुल्कन्थे, तर तिनि रहन्थे क्षणभर ।
थियो सारा पृथ्वीभर अगिपछी केवल खडा
धमीलो ठण्डीको अति कठिन साम्राज्य तगडा ॥

अहा ! त्यो वेलाको क्षणिक पनि आलोक रविको
मिठो मर्मस्पर्शी सरस कविता भैँ सुकविको ।
ठुला साना निर्धा धनिक सबलाई सम थियो
ममा जस्ले गर्दा अतुल समता जागृत भयो ॥

म आत्तिन्थेँ ज्यादा जुन तुहिन पर्दा शिरभरी
गुती लम्बा उस्कै गिरिवर सबै स्वच्छ पगरी ।
बहाडी भै हाँसी मुसुमुसु रसीलोपन धरी
कुरा गर्थे मानू अमरपुर हेर्ने सुर गरी ॥

उज्ज्यालो वा राम्रो सकल तिनको स्फूर्ति, दृढता,
प्रभा, हेर्दा हेर्दैं विलय हुन थाल्यो विकलता ।
उदायो खम्बा भैँ अटल रहने साहस ठुलो
भयो जस्ले मेरो मरण-भयको ग्रन्थि खुकुलो ॥

विचार-ज्योत्स्नाले जुन जति थियो दोष मनको
सबै धोयो, ल्यायो अभिरुचि तपोरूप धनको ।

विपद्, बाधा, निन्दा, स्तुति, कठिन शीतोष्ण सब त्यो
सही बस्ता केही समय अथवा जीवन बित्यो ॥

१४

लिई श्रद्धा एकै परहित-महामन्त्र-जपको
बनी खम्बा जस्तो कठिनतम त्यो दीर्घ तपको ।
गरैँ जस्तो मैले जुन जति कुराका अनुभव
म त्यो जम्बाजम्बी कहन कसरी शक्तछु अब ?

१५

यता माथी नीलो गगन, तल विस्तीर्ण धरणी
उता शैलश्रेणी, उभयतिर त्यो दीर्घ सरणी ।
त्यता ठाडै बग्दी मधुर जलले पूर्ण तटिनी
तपस्याका साक्षी सबतिर खडा छन् अझ पनि ॥

१६

कडा त्यो ठण्डीका दिवस, रजनी, पक्ष, महिना
सबैमाथी गर्दै जिउ जकडले शीतल टुना ।
बिते सुस्तै सुस्तै गठन तनको खूब दह्रियो
विपद् बाधा ज्यादा सहन शकने शक्ति भरियो ॥

१७

म त्यो वेलादेखी प्रतिदिन कडा पुष्ट, बलियो
हुँदै आयैँ, पायैँ कठिन तपको स्वाद गुलियो ।
अघीको शीतोष्ण-प्रभृति सब बाधा पर सन्यो
विधाताले मानू अभय पदमा दाखिल गन्यो ॥

१८

त्यसै वेलादेखी किन किन ठुलो कौतुक गरी
सबैमाथी छर्दै तरुणतम शोभा सुनहरी ।
वसन्तश्री ठाडै सुरनगरदेखी तल झरिन्
धरित्रीमा मानू सुखमय नयाँ जीवन भरिन् ॥

१९

नयाँ हावा लाग्यो, जल-थल भयो मञ्जुल नयाँ,
नयाँ अर्कै भावोदय, हृदयको कौतुक नयाँ ।
नयाँ बोली-चाली, विषय-रूचि निस्क्यो सब नयाँ
नयाँ भैगो मानू समय-गतिले गैह्र दुनियाँ ॥

२०

अँध्यारो पर्दा त्यो सहजसित फारेर त्यसरी
फिँजारी चौतर्फी मधुर सुख-सौन्दर्य-लहरी ।
वसन्तश्री गर्थिन् सब तरू-लतामा चहचह
छचल्किन्थ्यो जस्ले प्रणय-रसको निर्मल दह ॥

२१

ठिटी झैँ गर्थिन् ती नटखट; छिटी झन् पयरमा
थियिन्; दल्दै चल्थिन् अबिर अथवा फागु शिरमा ।
हवा सुस्तै सुस्तै चपल उनको अञ्चल धरी
कुरा गर्थ्यो मानू मधुर महुनीको वश परी ॥

२२

त्यही फागु-द्वारा उस बखत मेरो शिरभरी
चढ्यो चिल्लो लाली टलक अथवा माणिक सरी ।

म यो देखी आफैँ मनमन बडो गद्गद भयेँ
वसन्तश्रीलाई प्रणय-फुलको अञ्जलि दियेँ ॥

२३

चढायेको मैले प्रणय-फुलको अञ्जलि लिई
मलाई तत्कालै प्रथम वर वा नम्बर दिई ।
घुमिन्, नाचिन्, खेलिन् हरकिसिमको कौतुक गरी
वसन्तश्री, उर्ले भुवनभर आनन्द-लहरी ॥

२४

म तेही वासन्ती मधुर छविको रङ्ग-रसमा
डुबी पौडी खेल्दै पल पल लिँदै दिव्य सुषमा ।
डटेँ चौबाटोमा पथिक जनको आश्रय बनी
सबै लागे मेरो प्रणय-वश भै गर्न सह्नी ॥

२५

त्यहाँदेखी मेरो जति जति बिते जीवन-घडेँ
उती खुल्दै-आये क्रमसित विपत्‌का हतकडी ।
यता यो पृथ्वीमा निरतिशय सौन्दर्य भरियो
उताको खातामा 'तरूण तपसी' नाम दरियो ॥

२६

मसित सब बताई ई मिठा सत्य बात
नयन-युगल चिम्ले सिद्धले शान्ति-साथ ।
हृदयबिच बिलायो श्वास-निश्वास सारा
मुनि-मन पुगिहाल्यो पट्ट पल्लो किनारा ॥

++

पञ्चम विश्राम

१

वचनामृत त्यो पियेँ जति
दिलमा प्यास बढ्यो अहो ! उति ।
अब त्यो कब पाउँला भनी
अडियेँ निश्चल दीप भैँ बनी ॥

२

चल्यो सुस्तै भित्री पवन अथवा स्पन्द मुटुमा
पऱ्यो सानू रेखा स्मित-किरणको ओष्ठ-पुटमा ।
खुल्यो जोडी लामा कमल-दल जस्ता नयनको
प्रभा झल्क्यो राम्रो दिवसमणिको भैँ वदनको ॥

३

निराशाको पर्दा मलिन मनको भेदन गरी
मुटूमा झल्काई अति रुचिर आलोक-लहरी ।
उनी बोले फेरी जलत सरि धीर ध्वनि गरी
ति जो सुन्दा सुन्दै विलयतक हुन्थे हरि ! हरि ॥

४

बिताई वा भोगी विकट हिमको सङ्कट सबै
म रस्तामा त्यस्तो किसिमसित बस्ता अटल भै !

तुला साना सारा पथिक पथको मङ्गल सरी
मलाई सम्झन्थे, प्रणयसित घुम्थे वरिपरि ॥

५

थियो बाल्यावस्ता जुन वखत मेरो, उस घडी
दगुर्थे लत्याई जुन पथिक अन्धा रिपु सरी ।
उनैको देख्दै त्यो अति मतलबी भाव मनको
दया साथै हाँस्थें फगत मुख हेर्थें गगनको ॥

६

तपस्याको अग्लो भवन-बिच चढ्ने असजिला
कडा दैवी बाधामय अति नराम्रा खुडकिला ।
सबै नाघें, देखें नगिच नगिचै लक्ष्य-परिधि
भयो जस्ले गर्दा बहुत हलुका जीवन-विधि ॥

७

त्यहाँदेखी झन् झन् डबल गतिले कत्ति नअडी
ममा बढ्दै आयो तरूण वय, शोभा हरघडी ।
मुटूको कम्जोरी, भय, शिथिलता, संशय उड्यो
जगत्को कल्याण-व्रत-विषयमा साहस बढ्यो ॥

८

सबै आऊन्, पाऊन् प्रणय-सुखद्वारा हृदयको
कसैलाई मेरो नगिच नरहोस् नाम भयको ।
म भन्थें भुम्मिन्थे पथिक सब, राती तर तिनी
नबस्नाले हुन्थें मन मन अली खिन्न म पनि ॥

९

म मौनी, एकाकी, प्रिय घरवटी, आश्रम खुला
चुलो-चम्को लाई खचित नगिचै खालन शिला ।
उता मीठो पानी, सब तरहले वास सजिलो
थियो, अग्लो होटो जमिन, तर सुत्ता असजिलो ॥

१०

त्यसैले हो यद्वा अविदित कुनै कार्यवश हो
दयाले नै हो वा अरू अरू कुनै स्वार्थवश हो ।
नजाने केले हो ? अलि दिनपछी ग्राम्यजनको
ठुलो धारो लाग्यो तह वितह हेर्दै जमिनको ॥

११

खनी ढुङ्गा माटो कमरतक मेरो सब पुरी
चिने चौकी चाक्लो ऊपर छपनीले सम गरी ।
म त्यो चौकीमाथी झलमल बनें गोल गजुर
कठै ! गथ्र्यो तल्लो हर तर तलैबाट उजुर ॥

१२

सहू सर्दी, गर्मी बहुत बलियो आसन कस,
रहू चौकीभित्रै, कठिन तपको भोग सकस ।
भनी मानू मेरो स्थितिनियमको बन्धन गरी
विधाताले बार्‍यो अति कठिन बारै वरिपरि ॥

१३

जमायँ लाचारीसित जमिनमा आसन कडा
बन्यो छायाशाली उपर भरिलो गोल मुहुडा ।

जती जस्तो आओस् नियतिवश शीताऽऽतप हुरी
भयैँ त्यो हेलैले सब सहन शक्ने ननिहुरी ॥

१४

बिपत्ता चौकीमा हलनचल पाऊ तल तल
निदाये, तन्काये तनतन निदैमा रस-बल ।
धरित्रीको भित्री अमृतगुण सर्वत्र फिँजियो
अवस्थाले मेरो अझ मधरिमाको पथ लियो ॥

१५

कुनै कालो चिल्लो धन-सम जटामण्डल घना
पुग्यो माथी, भैगो सफल सब सङ्कल्प-सपना ।
फुक्यो छाती, लम्बा प्रबल भुजको मण्डलमनि
सुखैमा बित्ने भो पथिकहरूको दीर्घ रजनी ॥

१६

भरीलो त्यै बढ्दो रुचिर रुचिले आदर गरी
दियो निम्ता, डाक्यो चपल चिडिया लाखन थरी ।
जटाको टुप्पामा अभयसित बोल्दा तिनिहरू
म भन्थेँ यै सारा विहग-कुल हो किन्नर-गुरू ॥

१७

म द्यौता, त्यो चौकी विवि-विहित देवालय सरी
पुजारी भै बस्थे चपल चिडिया लाखन थरी ।
थियो तिन्को पूजाविधि ललित लीला-रसमय
म दिन्थेँ पूजाको फल अतुल विश्रान्ति, अभय ॥

१८

तिनै मेरा प्यारा अतिथि, रसिला बान्धव तिनै
तिनै सारा सच्चा सहचर, छिमेकी पनि तिनै ।
तिनैलाई ठान्थें परिजन तथा जीवन पनि
तिनै मिल्दा बन्थें भुवनभर सर्वोत्तम धनी ॥

१९

पखेटाको हम्को, स्वर-मधुरिमा कण्ठतटको
हलुङ्गो नङ्ग्राको पकड, टुँग त्यो चञ्चुपुटुको ।
मुटू छेड्दै जाने छनक, छवि, सङ्गीत, नचरी
म सम्झन्थें सारा मधुर परमाऽऽनन्द-लहरी ॥

२०

विधाताले मेरा उपर करूणाको वश परी
स्वयं वर्षायेका अमर नगरीका फुल सरी ।
थिये सारा प्यारा विहग, तर ती भुर्र सहसा
उडी-जाँदा देख्थें किन किन अँध्यारा दश दिशा ॥

२१

कुनै वेला भेला भइ विहत सारा कचहरी
जमायेको देखी हतमति शिकारी अघि सरी
मट्चयाङ्ग्राले ठोक्यो अवसर बुझी टन्न बलले
खस्यो चीं चीं गर्दै कठिनसित यौटा, अरू चले ॥

२२

कठै ! चल्दो फिर्दो प्रकृति-पुतली तयो निमिषमा
अकालैमा त्यस्तो गतिसँग परी कालवशमा ।

लडेको देख्नाले हृदय सहसा चर्र चिरियो
दया ज्यादा लाग्यो नयनयुगको मोति छरियो ॥

२३

शिकारी संहारी अबुझ हतभागी मनुजको
थियो कस्तो कस्तो विकट अनुहारै दनुजको ।
अँठ्‍या‍यो त्यस्‍ले त्यो झटपट गई घायल चरी
छुनासाथै निस्क्यो कठिनसित 'चीं चीं, चिरिरिरी' ॥

२४

व्यथाको जो ज्वाला विकल उस चीत्कार-रवमा
थियो, त्यस्‍को थोरै असर दुनियाँको हृदयमा ।
हुँदो हो ता, कालो धरणितल कैलास-सदन
बनी-जान्थ्यो, लोभी मनुज पनि हुन्थ्यो त्रिनयन ॥

२५

चरीको त्यो 'चीं चीं' मय रूदन वा क्रन्दन कडा
थियो जान्नेलाई अमर-कृत विद्यालय खडा ।
नसम्झी यो केही अबुझ शठले भित्र मनमा
चरीलाई पक्ड्यो शिव शिव !! तुरुन्तै जमिनमा ॥

२६

निभ्यो साह्रै राम्रो अमरपुरको दीप छिनमा
गिन्‍यो कालो पर्दा भय-चकित मेरा नयनमा ।
चरीको 'चीं चीं' मा उस बखत मैले जुन कुरा
सुनेथेँ, त्यो सुन्दा तिमि पनि हुनेछौ अधमरा ॥

इन त बहुत सानू किन्तु गम्भीर भारी
विहग-वध-कहानी कष्टले त्यो उतारी ।
अलि छिन तपसीले अश्रुधारा बगाये
नयन-युगल फेरी शून्यमा नै लगाये ॥

✦✦

षष्ठ विश्राम

१

करूणामय त्यो कथा सुनी
मुनि भैँ खिन्न भयेर ती पनि ।
चुपचाप   थियेँ   नगीचमा
फिर निस्क्यो मुनिवाक्य बीचमा ॥

२

शिकारीको झम्टा तन-बिच परेथ्यो जब अनि
चरी बोल्यो चीं चीं गरिकन कठै ! व्याकुल बनी ।
म मर्ने वेला भो तर मनुज ! तिम्रो मनुजता
कता भाग्यो, त्यस्को भरसक बुझे है तिमि पता ॥

३

कहाँ कस्तो तिम्रो उदरमय त्यो दुर्भर दरी !
कहाँ यस्तो सानू सरलमति निर्दोष म चरी ।
दया माया छोडी मनुज ! कुन तृष्णावश परी
मट्यांङ्ग्राले हान्यौ मकन तिमिले आज यसरी ?

४

न शक्छौ यो आँशू टपटप टिपी चप्प पिउन
न शक्छौ मासूले दिनभर अघायेर जिउन ।
न शक्छौ यो भुत्ला लिइकन कुनै वस्त्र सिउन
चुँड्यौ व्यर्थै मेरो मनुज ! तिमिले जीवन किन ?

५

सिधा-सादा, निर्धा उपर पिर-बाधा जति जति
ठुला, बाठा, टाढा मनुजहरू पार्छन् उति उति ।
घृणा, निन्दा, हत्याप्रभृति सब उस्को कटुफल
उनै उल्टो भोग्छन्, विधि-नियम यो जान अटल ॥

६

तिमी जान्ने बाठो मनुज, गुरू जस्तै भुवनको
म लाटो अज्ञानी विहग बिचरो दूर वनको ।
स्वभावैले   मेरो   उपर   हुनुपर्ने   सदयता
लियौ जानी जानी अहह ! किन उल्टो परूषता ?

७

जगत्-रक्षालाई जुनिभर अहिंसा-व्रत धरी
उसैद्वारा व्याघ्रप्रभृति पशु सारा वश गरी ।
रहन्थ्यो जो ज्ञानी मनुजक गहिरो शान्ति-सुखमा
मट्याङ्ग्रा हान्ने भो शिव शिव ! उही आज रूखमा ॥

८

तिमी घुम्थ्यौ फिर्थ्यौ धरणितलमा, हामि नभमा
कुनै वेला हुन्थ्यौँ उभय तल माथी विटपमा ।
दुवै सुन्थ्यौँ बोली खुसिसित दुवैका दुइ थरी
वृथा त्यो भत्कायौ अबुझ ! तिमिले शान्ति-नगरी ॥

९

कुनै वेला तिम्रो गृह र फुलबारी-वरिपरि
सबै हामी घुम्दा चटुल गतिले कौतुक गरी ।

कठै ! साना साना कुसुमकलि जस्ता शिशु पनि
'चरी ! आः आः' भन्थे, प्रणयवश पुग्थे रूखमनि ॥

१०

हँसीला तिम्रा ती सरल शिशुको त्यो मधुरिमा
म नाचेको देख्थेँ प्रणयपुरको मध्य धुरिमा ।
खुसी हुन्थेँ, भन्थेँ मनुज-जुनि हो भाग्यसदन
कठै ! यो हत्यारोपन त उस वेला समझिनँ ॥

११

खसेको दाना वा फल-फुल तथा मञ्जु-मुजुरा
जुट्यो जो, सो खाई खुशिसित गरी नित्य गुजरा ।
तपस्वी जस्तो भै प्रकृति-पथको मङ्गल गरी
रहेको यो निर्धो मकन किन मार्च्यौ ? हरि हरि ॥

१२

हावामा पौडन्थेँ, जुन मधुर सङ्गीत मुखमा
थियो, त्यस्ले तिम्रो श्रुति-विवर मर्थेँ म सुखमा ।
कठै ! बासा बस्थेँ, विजन वनमा मञ्जु रूखमा
बिरायेँ के मैले ? किन धसिदियौ मृत्यु-मुखमा ?

१३

पिताको माताको प्रणय उहिल्यै कालगतिले
बित्यो, भाई बैनीहरू सब चुँड्यो दुर्नियतिले ।
थियेँ बाँकी यौटा फगत म कठै ! वंश-विरूवा
सन्यो आजै मेरो उपर पनि त्यो काल सरूवा ॥

१४

कलीला ती विकल बिचरा बाल बचरा
विना चारा भोकै सब भइशके हुन् अधमरा ।
थियी साथै पोथी जुन, शिव हरे ! त्यो पनि अब
कतै गर्दी होली रूदन अथवा क्रन्दन-रव ॥

१५

दुवै भाले-पोथी हरबखत पालो गरि गरी
लगी दिन्थ्यौँ चारा विकल बचराको मुखभरी ।
अकेली सुत्केरी अब शिव हरे ! दिन बिचरी !
गुजारा गर्ली त्यो कसरि टुहुरा पालन गरी ?

१६

अवस्था यो मेरो सहन अथवा खप्त नशकी
नजाने त्यो ऐले वरपर कतै मूर्छित छ कि ?
मरी पो हाली वा प्रिय-विरहले मार्गबिचमा !
पुगी वा औताई विकल बचरकै नगिचमा ॥

१७

कदाचित् त्यो मेरी प्रणय-पुतली व्याकुल बनी
रूँदै खोज्दै आयी वरपर भने मृत्यु नगनी ।
नहाने है बाबा ! विकल बचरा हुर्कन दिये
पृथा अर्को चर्को शिशु मरणको पाप नलिये ॥

१८

कहाँ त्यो सुत्केरी प्रणय-पुतली ! त्यो गुँड कहाँ !
कहाँ प्यारा साना शिशुहरू ! कठै ! त्यो सुख कहाँ ।

कहाँ प्रेमी साथी ! स्मरण पनि हा ! कष्टमय भो
कठै ! मेरा लेखा अब सब कुराको प्रलय भो ॥

१९

न चाँडो जाने भो सहजसित यो प्राण-पवन
न शक्छू यो बाधा सहन अथवा शान्त रहन ।
न थामिन्छन् आँशू न त छ अरू क्यै जीवनगति
कठै ! कस्तो पापी कति कुपित यो क्रूर नियति ॥

२०

सिला खोजी चर्ने सफर-सुख गर्ने गगनमा,
ठहर्ने शाखामा, मधुर सुर भर्ने पवनमा ।
सिधा-साद, निर्धा विहगकन मार्ने नियतिले
दियेकी हुन् के त्यो करयुगल माता प्रकृतिले ?

२१

नजानी आनन्दी मनुज-कुलको उन्नति-कला
म जस्ता निर्धाको बलसित अँठ्याईकन गला ।
वृथा त्यस्तो चोखो करयुगल त्यो दूषित गर्‍च्यौ
धरित्रीमा कालो जहर अथवा पातक छर्‍च्यौ ॥

२२

दया राखी हाम्रा उपर विधिले कार्य-कुशल
दिँदो हो त तिम्रै सदृश बलियो बाहुयुगल ।
पुगी टाढा टाढा फलफुल टिपी लाखन थरी
भरी-दिन्थ्यौँ ल्याई प्रणयसित तिम्रो घरभरी ॥

२३

चुचो साह्रै सानू धन फगत हाम्रो छ त पनि
कुनै देख्नासाथै थकित जन भोको रूखमनि ।
चुचैले पाकेको फलफुल चलाई बल गरी
खसाल्थ्यौँ, तयो खाओस भनिकन दयाको वश परी ॥

२४

दया हो पृथ्वीको अति चहकिलो पारसमणि
दया नै हो कालो भव-जलधिको मुखय तरणी ।
दया त्यस्तो त्यागी मनुज ! किन हिंसातिर भुक्यौ ?
म मर्ने हूँ, मर्छू तर तिमि नराम्रोसित चुक्यौ ॥

२५

म भन्छू हे अन्धो मनुज ! तिमि जस्ता मनुजको
अगाडी हत्यारो प्रकृति हलुकै हो दनुजको ॥
यही तिम्रो पापी प्रकृति सब तिम्रा घरघरै
घुसी लाखौँ लाखौँ पुरूषकन पार्ला कि ठहरै ?

२६

मट्याङ्ग्रो माटाको जुन कुरूचिले आज भवमा
बन्यो, सोही पापी कुरूचि पछि सल्केर सबमा ।
कडा गोला गोली कठिन चिजका लाखन थरी
खडा भै पार्नेछन् सकल धरणीमा थरहरी ॥

२७

यही तिम्रो हिंसा, छल-कपट ज्यादा प्रबल भै
सिधा-सादा, निर्धा अबुझ थिचिंदा आखिर सबै ।

अशान्ति-ज्वाला जो मुलुकभर बल्ला दनदनी
यसैमा पर्नेछौ जडमति ! म जस्तै तिमि पनि ॥

२८

चराको भैँ तिम्रो गगनतलमा सर्र उडने
कुनै वेला आयो नियति-गतिले तागत भने ।
यही हत्याकारी कुरूचिवश भै पागल सरी
अवश्यै पार्नेछौ सकल पृथिवी प्रेत-नगरी ॥

२९

बढ्यो स्याँ स्याँ, ज्यादा अभयसित जो अन्तिम कुरा
म भन्छू यो राम्रो किसिमसित सम्भे तिमि पुरा ।
अहिंसाको गङ्गाजल विन सबै उन्नति-कला
खरानी भै तिम्रो मनुज ! नगरोस् दीर्घ सुकला ॥

३०

यती भन्दा भन्दै क्षणभर भयो मूर्छित चरो
शिकारी के सम्भोस् कपट-पटु त्यो मूर्ख विचरो ।
दियो उस्ले उल्टो भटपट पुरस्कार मरण
बनिन् माता पृथ्वी उस विहगको अन्त्य-शरण ॥

३१

व्यथित विहगको त्यो आर्त चीत्कारभित्र
उस खबत फुरेका वाक्य साह्रै पवित्र ।
कठिनसित बताई बर्बरी आँशु भारी
मुनि-मन पुगिहाल्यो यो महासिन्धु पारी ॥

✦✦

सप्तम विश्राम

१

मुनिका उस सूक्ति-सिन्धुको
रस प्यूँदा हर-एक बिन्दुको ।
मनले गहिरो मनुष्यता
पहिचान्यो, तर त्यो कता कता ॥

२

हुँदो होला तोलाभर फगत फुर्के जुन चरी
यही मारी, पापी कठिन करको लर्कन गरी ।
चल्यो व्याधा, साथै पवन पनि तातो हररर
बह्यो मानू सारा प्रकृति-पथमा भित्र जहर ॥

३

म ठिङ्गा, त्यो नङ्गा पथ, वधिकको त्रास मनमा
परी भागीहाले विगह बिचरा दूर वनमा ।
बिझ्यो काँढो जस्तै कठिन घटना त्यो नयनमा
घृणा ज्यादा लाग्यो मनुज-मतिको त्यो पतनमा ॥

४

चरीले छादेको फगत दुइ थोपा रगतमा
डुबेकी नै देखैँ सकल पृथिवी त्यो बखतमा ।
दिशा देखैँ मैला, वरिपरि सबै शैल धमिला
नदी देखैँ काली शिव शिव ! उनै पुण्य-सलिला ॥

५

यती चाँडै मेरो किन कसरि आँखा धमिलियो ?
तमासा यो क्या हो ? भुवन किन मैले सब भयो ?
भनी हेर्दा हेर्दै वर पर कठै ! विश्वभरमा
यही देखेँ कालो कुरूचि भरियेको इथरमा ॥

६

अहो ! यस्तो कालो विकट परहिंसा-कुरूचिले
बिगारेको वातावरण कुन दैवी सुरूचिले ?
सफा होला भन्ने लिइकन ठुलो तर्क मनमा
म एक्लै भोक्रायेँ नयन युग चिम्ली विजनमा ॥

७

उडेँछु त्यै वेला चपलगति सङ्कल्प-रथमा
चढी ज्यादा माथीं गगनबिच वा शून्य पथमा ।
त्यहाँ खेल्दा खेल्दै मयल अथवा दोष मनको
गयो गल्दै गल्दै, स्थिति अगम झल्क्यो भुवनको ॥

८

मजा मानी नीलो नभ-जलधिमा निर्भय बुडी
घुमी पौडी खेलेँ, प्रणयसित यद्वा लडिबुडी ।
सुनेँ त्यै वेलामा अगम रसिला लाखन कुरा
खुशीको बल्लीमा पटपट फुटे पट्ट मुजुरा ॥

९

न चेला त्यो वेला, गगन गुरुजी, शान्त मुहुडा
थियो शिक्षा-दीक्षा ध्वनिमय बडो अद्भुत कडा ।

अहो ! पढ्दा पढ्दै गुरुमय भयो विश्व-विभव
म कच्च विद्यार्थी, शकिन सहसा सम्झन सब ॥

१०

जबर्जस्ती मेरो अति जरकटे कान पकडी
तपस्याका खोले सकल गुरूले दुर्गम कडी ।
भयो त्यस्ले गर्दा श्रवणपुट मेरो झमझम
पछाडी यो झन्क्यो अमृतमय मीठो स रि ग म ॥

११

कुनै चाहे नङ्गा भइ फगत दङ्गा गरिरहून्
कुनै चाहे चङ्गा भइ गगन-गङ्गाबिच बहून् ।
अँध्यारो स्वप्नाका सुख दुख खुशी भै सब सहू
सबै भन्दा भिन्नै भइ फगत हाँसी खुश रहू ॥

१२

डुब्यो त्यस्तो चालासित किन चराको रगतमा ?
भुली त्यो, निःस्वार्थ प्रणय गर सारा जगतमा ।
त्यसैले त्यो काँढो नयनबिचको झर्छ सहसा
तुरून्तै देख्नेछौ अनि पछि उज्याला दश दिशा ॥

१३

लियेथेँ त्यो शिक्षा जब अनि घट्यो कष्ट कसला
उवायो निःस्वार्थ-प्रणय-विधुको शीतल कला ।
घृणाको, निन्दाको सब शिथिल भो बाह्य विषय
भयो साह्रै हल्का सुखमय अनासक्त हृदय ॥

१४

जती आँखा चिम्ल्यो किन कि उती लाखन थरी
रसीला उर्लन्थे हृदय-दहमा दृश्य-लहरी ।
घडी देखा पर्थ्यो गगनबिच अर्धेन्दु विमल
घडी अग्ला अग्ला हिमशिखर सेता झलमल ॥

१५

घडी बग्थिन् गङ्गा परम शुचिता सेतन गरी
घडी आई-पुग्थे हरकिसिमका देव-नगरी ।
घडी नीलो तारा-जडित गगनै झ्वास्स छिनमा
स्वयं आई पस्थ्यो हृदयमय सानू सदनमा ॥

१६

घडी देखा पर्थ्यो चमचम गरी दीर्घ बिजुली
घडी आत्मज्ञानी पुरुष अथवा सिद्ध सकली ।
घडी पानी पानी सबतिर छताछुल्ल धरणी
घडी आगो बल्थ्यो धपधप, घडी वासरमणि ॥

१७

न मिल्थ्यो त्यो शिक्षा सितिमिति कुनै शास्त्रहरूमा
न वा ज्ञानी ध्यानी धरणितलका सिद्धहरूमा ।
लिँदा एकै गोता निमिषभर चुलुम्म जसमा
रसीलो निस्कन्थ्यो पल पल चमत्कार-सुषमा ॥

१८

अहो ! यस्तै यस्ता अघट घटनास्रू चटक
मजा मानी भित्रै अनुभव गरी धेर पटक ।

पछी सुस्तै मेरो चपल मन त्यो कौतुक भुली
भुली लिन्थ्यो निद्रामय अतुल शय्या मखमली ॥

१९

उषाले यस्तैमा पवनमय पङ्खा सिरिसिरी
ममाथी हम्कन्थी, तर मकन लाग्थ्यो किरिकिरी ।
म भोक्रिन्थेँ, भर्थेँ किन सब टुट्च्यो कौतुक, भनी
कडा रातो देख्थेँ गगन-गुरूजीको मुख पनि ॥

२०

बित्यो रात्री सारा, तम पर सर्च्यो, सर्र रविको
प्रभा भुल्क्यो, टल्क्यो टलक कलना-तुल्य रविको ।
बनी अर्कै निस्किन् प्रकृति-जननी, विश्वभरमा
रमायिन् चौतर्फी विकसितमुखी जागृति-रमा ॥

२१

निशामा त्यो प्यारो पठन-विधि गर्दै दिवसमा
उदासी भै हेर्दै हरकिसिमको बाह्य सुषमा ।
जगायेँ निःस्वार्थ-प्रणय-सुखको जोति भरिलो
निकै नै कम्ती भो, विहग-वध-बाधा जहरिलो ॥

२२

गये बढ्दै बढ्दै पयर तल, आँखा गगनमा
जम्यो, फेरी नीलोपन गगनको टम्म मनमा ।
जटाशाली अग्लो शिर पवनको रङ्ग-रसमा
रमाई छर्कन्थ्यो छुनुमुनु गरी शान्ति-सुषमा ॥

२३

कसैले त्यै वेला पनि हृदय पारीकन कडा
दिये भारी धक्का मकन अथवा उग्र रगडा ।
लुछे, लाछे, कोपे, जडतक खने, हुर्मत लिये
कठै ! मेरा लेखा तर अबुझ ती बालक थिये ॥

२४

जुँघा दाह्री तान्ने सरल शिशु जस्तै पथिक ती
म सम्झन्थेँ, हुन्थेँ प्रणयरसले गद्गद अति ।
बित्यो एवंरीत्या समय, वयले उन्नति लियो
रसीलो छाया प्रणय-विधुको कान्ति फिँजियो ॥

२५

सँभाली वा खारी चपल मनका वृत्ति यसरी
म रस्तामा बस्ता प्रणय-शिवको पूजन गरी ।
बित्यो मेरो निक्कै सयम उस चौकी उपरमा
जहाँ वासा बस्थे विविध बटुवा ती रहरमा ॥

२६

यति भनी तपसीले मन्द निःश्वाससाथ
मुख-कमल झुकाये, बन्द भो सूक्ति-पात ।
म पनि अमृत जस्तो त्यो सच्चरित्र
मनन मन लगाई गर्न थालेँ पवित्र ॥

✦✦

अष्टम विश्राम

१

यसरी बहँदो घरी घरी
मुनिको शीतल सूक्ति-माधुरी ।
बिचमा जति रोकियो उति
दिन थाल्यो नव भाव जागृति ॥

२

फराकीलो चौकी-उपर बलियो आसन कसी
म रस्तामा बस्ता मनुज, पशु, पक्षी सब खुशी ।
थिये, ती झम्मिन्थे अतुल सुख लिन्थे, प्रणयले
मलाई सम्पन्थे पल पल शुभाSSशी हृदयले ॥

३

मल्हामी आऊन् वा मलिन मुख लायेर मुड्डुला
बिसाऊन् वा जन्तीहरू वर-बधू-साथ सुकिला ।
समानै दिन्थेँ ती उभयकन छाया म तिनको
स्वयं लिन्थेँ छाया प्रणयसित सम्पूर्ण मनको ॥

४

छुती विद्वान् होस् वा मलित कुलको मूर्ख अछुती
कुनै त्यागी होस् वा विषयरत रागी लखपति ।
समानै ठान्थेँ ती विधिविहित चैतन्य-पुतली
पछी हेर्दा हेर्दै तर हृदय हाँस्थ्यो अलिअलि ॥

५

समै भित्री श्रद्धा, सम अतिथि-सत्कार-विधि त्यो
समै प्यारो चौकीमय चहकिलो शान्ति-निधि त्यो ।
थला मारी भुल्थेँ म पनि समताकै रहरमा
थियो बढ्दो चढ्दो तर विषमता विश्वभरमा ॥

६

जगद्धात्री देवी प्रकृति-जननीमा विषमता
हुनाले झल्केको भुवनबिच के मिल्छ समता ?
भनी मेरो भित्री श्रवणबिच भर्दै सनसनी
हवा दौड्यो, हल्ल्यो फरफर जटामण्डल पनि ॥

७

अलापे पन्छीले प्रणयसँग त्यै राग रसिलो
त्यसैमा दर्शाये शिखरहरूले रङ्ग हँसिलो ।
बटोही जो कोही उभयतिर चल्थे तिनि पनि
लपेटेकै देखेँ उस विषमताले फनफनी ॥

८

घडी झुम्रे-झाम्रे मल-मलिन ढाक्रे र भरिया
घडी साहू राम्रा सुघर सुर जस्ता शहरिया ।
घडी घाँसी ग्वाला, कृषकहरू झुत्रे नगिचमा
थियेँ साक्षी जस्तो सकल बटुवाको म बिचमा ॥

९

झिकी सुस्केराको बहुत खिरिलो सूत उसमा
उनी माला मोतीसदृश पसिनाको दिवसमा ।

मलाई दिन्थे जो पथिकहरू ती बीच पथमा
सबै शोची (षी) लिन्थेँ म पनि गहना त्यो सुपथमा ॥

१०

जती प्यूँथ्यो चौकी गरम पसिना पान्थ-जनको
उती बढथ्यो मेरो हरबखत उत्साह मनको ।
म भन्थेँ तत्कालै पर पर पुन्याईकन भुजा
यता झर्ने चर्का रवि-किरण पार्छू सब कुजा ॥

११

कडा राँको जस्ता रवि-किरणको ताप फिँजिंदा
कठै ! बाटोघाटो रिपु-मुलुक भैँ दुर्गमा हुँदा ।
उनिन्थे छायामा मनुज, पशु, पक्षी जुन जति
थियो बेग्लाबेग्लै सकल तिनको अद्भुत गति ॥

१२

जटाका लट्टामा चपल चिडियाको चहचह
उता त्यो चौकीमा विविध बटुवाको तह-बह
दगुर्थे लोखर्के-प्रभृति बिचरा बीच-बिचमा
थियो मानू मेला मधुर उस वेला नगिचमा ॥

१३

लगाई गालामा कर-कमल कर्के शिर गरी
बगाई आनन्दी सरस रसियाको रस-भरी ।
कुनै वेला ग्वाला कृषकहरु बस्ता मिलिजुली
मुटूमा चम्कन्थ्यो चमचम चमत्कार-बिजुली ॥

१४

कुनै वेला ढाक्रे कृषकहरूलाई हट भनी
हटाई हप्काई तमकसित ताक्तै, छडि पनि ।
थला मारी बस्ता चतुर पुरवासी जनहरू
चिरिन्थ्यो यो छाती, किन किन म रून्थेँ धुरूधुरू ॥

१५

कुनै वेला ढाक्रे कृषकहरूकै आदर गरी
लगी गाग्री-गाग्राहरूबिच मिठो सर्बत भरी ।
कहन्थे यो खाऊ, पथ-जतिन गर्मी मथर होस्
म भन्थेँ त्यो सुन्दा मनुज-मति यस्तै स्थिर रहोस् ॥

१६

बुढा, पाका, बाला, युवक, अधबैंसे सब जना
बसी त्यो छायामा अलि छिन शुकायेर पसिना ।
उठी-जाँदा हेरी खुशिसित जटामण्डलतिर
कहन्थे वा भन्थे जुग जुग जियोस् भाग्य-शिखर ॥

१७

बित्यो एवंरीत्या सकल दिन, सन्ध्या-समय भो
जटामा त्यो सारा रवि-किरण-धारा विलय भो !
धुलोले त्वाँलोले मलिन रवि ढाक्रेमय बनी
गये आगो फुक्ने नियत लिइ अस्ताऽचलमनि ॥

१८

उता यौटा ढाक्रे चरम गिरि भन्दा तल झरे
यता त्यो चौकीको वरपरि हजारौँ अगि सरे ।

चुल्हा लाये, आगो सबतिर जगाये पिलिपिलि
जुट्यो दीवालीको घडिभर त मानू झिलिमिली ।।

१९

कठै ! चाँडो चाँडो जठर-हरिको पूजन गरी
सिद्धानैमा भारी, हर-उपर बर्कोकन धरी ।
डुबे ती निद्राको अतुल परमाऽनन्द सुखमा
उठ्यो भारी हेर्छू म भनि घुरणा घुर्र मुखमा ।।

२०

नफेरी त्यो, फेरी निमिषभर कोल्टोतक पनि
पला भैँ गैहाल्यो थकित तिनको दीर्घ रजनी ।
तिखो चुच्चो खाली चटुल कुखुराले चरचरी
चिर्‍यो त्यो सन्नाटा सकल 'कुखुरीकाँ' रव गरी ।।

२१

टुट्यो त्यसले गर्दा भुवनभरको नीरव-पना
गयो गल्दै गल्दै सकल दुनियाँको तम घना ।
सबेरैको हावा पनि बहन थाल्यो सिरिसिरी
फुके साना ठाडा अरुण-रुचि-रेखा मिरिमिरी ।।

२२

कुनामा ती रागी दिवसकरको चुम्बन परी
खुशीले मस्केकी सरल धरणीको स्मित सरी ।
उज्यालो भै निस्क्यो क्षितिज उस वेला अलिअलि
झिके यौटा दोटा चपल चिडियाले खलबली ।।

२३

उषाले बिस्तारै दिवसपतिको पूर्वतिरको
गुलाफी खोपी वा अति चहकिलो केलि-घरको ।
खुला पारी ढोका, विहगकुल त्यो चञ्चु-चपल
प्रभातीको ताना मधुर लिन थाल्यो पल-पल ॥

२४

हटाई पर्दा त्यो मलिन तमको मङ्गल गरी
छरी रातो रोरीमय चहक राम्रो नट सरी ।
उदाये वा आये जब रवि खुला नाट्य-घरमा
तमासा अर्कैं भो अनि सकल संसारभरमा ॥

२५

ठुला अग्ला अग्ला गिरिशिखरका साथ म पनि
त्यसै झल्कैं टल्कैं रवि-किरणले कञ्चन बनी ।
चरा मानू नीराजन-विषयको कीर्तन गरी
उडे सारा चारा लिन चपल चञ्चूपुट धरी ॥

२६

उता जोड्छन् नाता उदयगिरिमा वासरमणि ।
यता छोड्छन् ताता सुखशयनको वासरमणी ।
उनी बन्छन् आफैं गिरिशिखरका स्वर्णकलश
इनी भन्छन् पारौं अब त जलले पूर्ण कलश ॥

२७

नदी बग्थिन् निक्कै पर, तदपि गङ्गे ! हर हर
म सुन्थें, त्यो सुन्दा हृदयबिच लाग्थ्यो र रहर ।

उतै फर्की हेर्थें, जलदसित गर्थें अनुनय
अहो ! कैले द्यौला मकन तिमि त्यो स्नान-समय ?

२८

अहो ! त्यो वेलाको रवि-किरण-माला सुनहरी
धरामा झल्कन्थ्यो सलसल बगेको सुन सरी ।
थियो मानू वर्ष अमृतरसको शान्ति-सुखको
सबैको देखिन्थ्यो धपधप सफा कान्ति मुखको ॥

२९

सबै हेर्दा हेर्दै भुवनभर त्यो जागृति ठुलो
हुँदै-आयो मेरो सकल हृदय-ग्रन्थि खुकुलो ।
थिये त्यो बेलाका सकल रसिला जीवन-घडी
विधाताले अर्कै मकन दिन थाल्यो तर छडी ॥

३०

यति भनि तपसीले माथ केही झुकाये
मधुर वचन-धारा कण्ठभित्रै लुकाये ।
म पनि सकल गर्दै वाक्यको सार सार
पुलुपुलु तपसीको हेर्न थालें मुहार ॥

✦✦

नवम विश्राम

१

अलि बेर अडी चल्यो जब
मुनिको मञ्जुल ओष्ठ-पल्लव ।
अनि वाक्य-सुधा बह्यो उही
अथवा जीवनको फुक्यो बही ॥

२

ठुला साना लाखौँ पथिकहरूका लाखन थरी
चमत्कारी चाला हरबखत आलोकन गरी ।
बसेकै बेलामा शिशिर ऋतुको रात्रिबिचमा
लड्यो भोको यौटा अतिथिजन आई नगिचमा ॥

३

न त्यस्ले क्यै खायो, न त पिउन पायो द्रवहरू
न केही बिच्छ्यायो, न त धुनि जगायो हुरुहुरु ।
घुँडो मण्टो जोडी विविध अधम हो निर्दय भनी
बितायो वा काट्यो कटकट किटी दन्त रजनी ॥

४

निशाको त्यो कालो तम सकल पोको परि परी
यही निर्धो भोको विकल बटुवामा घर गरी ।
मडारिन्थ्यो खेल्थ्यो पल पल उकेल्थ्यो विकलता
थियो उस्को लेखा शरण मृति-मूर्छा, शिथिलता ॥

५

कठै ! चिल्थो कन्था फगत लिपिटो मात्र हरमा
कलेटीको खस्रो अति मलिन रेखा अधरमा ।
गडेका खोपा भैँ नयनयुग, आँशू गहभरी
बगेको देखिन्थ्यो, कर चरण काम्थे थरथरी ॥

६

सुख जिभ्रो, घाँटी, हृदयबिच चर्को धडकन
अँध्यारो आकाशै सदृश सुख मालिन्य सदन ।
खलाँतीको गर्‍यो अनुकरण छाती हरघडी
कठै ! मानू गन्थ्यो कठिनसँग त्यो जीवन-घडी ॥

७

क्षुधाको ज्वालाले ज्वलित बिचरो त्यो अतिथिको
अवस्थाले गर्दा लय-समय वा मृत्यु-तिथिको ।
दयाले पग्लन्थ्यो जड अति कडा पत्थर पनि
म शक्थेँ त्यो सारा सहन कसरी निष्ठुर बनी ॥

८

कठै ! त्यो दुःखीको उस बखत जो हालत थियो
सबै त्यो यै मेरो विकल मुटुमा बिम्बित भयो ।
भयेँ केही वेलातक म पनि जीवन्मृत सरी
पछी उर्ले मेरो हृदय-दहमा तर्क-लहरी ॥

९

विधाता माताको स्तनयुगलमा स्तन्य-रसको
भरी धारा पैले अनि जनम त्यो दिन्छ शिशुको ।

विना खाने दाना धरणितलमा जन्म कसरी
कहाँ कस्ले लेला ? कुन कठिनता त्यो हरि ! हरि !!

१०

किरा किर्थादेखी मजुन, पशु, पक्षीतक सब
अती जो जन्मन्छन् सकल तिनको योग्य-विभव ।
धरित्रीको छाती उपर पहिले नै छ खचित
अहो ! भोकै मर्छन् तदपि किन त्यो दुर्गतिसित ?

११

धरित्रीमा भक्ति प्रणय अथवा जाँगर धरी
खनी, खोस्री, जोती, कर-चरण माटोमय गरी ।
निकाली खाये त्यो अमृतमय खाना मिलिजुली
जगत् सारा बन्थ्यो अमर नगरी भैँ झिलिमिली ॥

१२

धरित्रीको   माया-प्रणय   नरदेखी   कृमितक
सबै जीवाऽऽत्मामा सम छ, उसमा छैन फरक ।
उनी खाना दिन्छन् रतिभर कुनै भेद नगरी
सबैलाई पुग्ने किसिमसँग त्यो लाखन थरी ॥

१३

सबै प्राणी बाँच्ने किसिमसित खानाहरू दिन
नशक्ने नै होलिन् धरणि जहिले वा जुन दिन ।
तुरुन्तै फुट्नेछन् उस बखत कच्चा घट सरी
हजारौँ के लाखौँ किसिमसित धाँजा परि परी ॥

१४

सबैकी साझा छन् धरणि जननी, जीव सकल
उनैका छोरा हुन् हृदय-रसमा लुब्ध चपल ।
भुली माता-नाता अझ सब उनै मालिक बनी
वृथा गर्छन् कोलाहल कलक मेरी भनि भनी ॥

१५

भयेकी हुन् कैल्यै जुग जुग कसैकी न धरणी
कसैकी छन् ऐले न त, फिर कसैको पछि पनि ।
वृथा मेरी भन्दै डुबिकन कडा मोह-विषमा
उनैको छातीमा सब लय हुँदैछन् निमिषमा ॥

१६

गुणी हो, ज्ञानी हो, बहुत चतुरो जाति नरको
सिपालू, उद्योगी, गुरू-सदृश यो विश्वभरको ।
बुझोस् ता यस्ले त्यो परहित-महामन्त्र-महिमा
दरिन्थ्यो पृथ्वीको 'अमर नगरी' नाम बहिमा ॥

१७

कडा, पीरो, मैले लिइ मतलबी ग्याँस उरमा
बनी अन्धो जस्तो इतर जनको कष्ट पिरमा ।
खियेको देख्दा यो चतुर नरजाति प्रतिदिन
कठै ! मेरा आँशू तरतर बहन्छन् किन किन ?

१८

हजारौँ यै जस्ता मनुज मनमौजीपन धरी
हिँडे वा हिँड्दैछन् सब सरसरी यै पथ गरी ।

खुला नै छन् आँखा तर विकट अन्धोपनसित
मित्यारी लायेका अति कठिन कारुण्य-रहित

१९

बडा बाठा, टाठा, सकल तर बाटोबिच परी
लडेको त्यो भोको पथिकतिर लाटोपन धरी ।
हिँडेका छन् त्यस्तो तुजुकसित ठाडो शिर गरी
अहो ! कस्तो कालो समझ तिनको त्यो हरि ! हरि !!

२०

गुहे, काला, कौवा, अपढ वनका बन्दर पनि
पर्‍यो यौटामाथी विधिवश जसै सङ्कट अनि ।
धुरिन्छन् दर्शाई प्रबल नमुना बन्धुपनको
अहो ! त्यस्तो नीचो पतन किन यो मर्त्य-पनको ?

२१

यहाँ चल्ने फिर्ने मनुजहरूको जति हक छ
धरित्रीको छातीउपर यसको उत्ति हक छ ।
हर्‍यो होला कस्ले कसरि बिचमा भाग यसको ?
कठै ! जस्ले गर्दा नर-जुन डुब्यो रङ्ग-रसको ॥

२२

न ता यो अल्छी हो, न त छ यसको अङ्ग विकल
न ज्यादा ढल्केको वय छ, न भिखारी छ शकल ।
अहो ! यस्तो सादा कृषक मिहिनेती कृश-बल
लडी भोग्दो होला कन अधमको कुत्सित छल ?

२३

न त्यो भन्थ्यो मौरी बनि मह सदा सञ्चय गरुँ
न भन्थ्यो ऐशी भैकन फजुलखर्चीपन धरुँ ।
धरित्रीको भित्री विधि-नियमले प्राप्य यसको
गुम्यो होला खाना कुन छल परी हाय ! कसको ?

२४

कुनै त्यस्तो खाना विन विकल या मूर्छित सरी
कुनै खाना देख्दा अरूचिवश बस्छन् पर सरी ।
तमासा यो हो वा विधि-नियमको घोर भुल हो ?
दुवैको यद्वा त्यो इतर जुनिको कर्म-फल हो ?

२५

गरी खाना जम्बा अरूचिवश त्यो खान नशकी
शुकेका जो जो छन् मनुज तिनले त्यो सब झिकी ।
इनै भोका शोकाऽऽकुल गरिबका दीन मुखमा
चढाये बढ्थ्यो कि अभिरूचि कटै ! खाद्य-सुखमा ?

२६

नहेरी अर्काको मलिन मुख, लोभीपन धरी
समेटी सोहोरी सब खचित पारी घर भरी
भनी मेरो मेरो कति कति बिते व्याकुल बनी
अहो ! उस्तै अन्धो अबुझ दुनियाँ यो अझ पनि ॥

२७

थियिन् पैले पैले जुन वसुमती जङ्गलमयी
उनैलाई पार्‍यो मनुजगणले मङ्गलमयी ।

कठै ! जान्दो हो ता नियम परपीडा-हरणको
छुटी-जान्थ्यो यस्को कठिनतम पीडा मरणको ॥

२८

मम चल्दा चल्दै पल पल इनै तर्क-लहरी
उठी काँपी काँपी विकल बटुवा त्यो थरथरी ।
कठै ! पानी ताकी जिनतिन पनेरातिर गयो
मलाई त्यो देख्दा मनुज-जुनमा नै घिन भयो ॥

२९

यति भनी तपसीले आँशु फेरी खसाले
विकल मन समेटी केन्द्रमा नै बसाले ।
म पनि अति हलुङ्गो हातले अश्रु-धारा
पुछिकन चुप लागेँ, सन्न भो देह सारा ॥

✦✦

दशम विश्राम

१

क्षणमात्र रह्यो र त्यो घना
मुनिको मौन समाधि-भावना ।
अमृत-द्रव भैँ बनीकन
बहँदै गो फिर कर्ण-पावन ॥

२

जगत्मा सल्केको निलिकन सबै मानवपना
असन्तोषी दोषी अति विकट त्यो दानवपना ।
तिखो काँढो जस्तै उनिन आयो र उरमा
रूँदै बाधा पोखेँ प्रकृति-जननीका पयरमा ॥

३

हुँदोहो त खाना फल फुल तथा खाद्य मसित
म दिन्थेँ त्यो सारा अतिथिजनलाई खुशिसित ।
दिने त्यस्तो केही मसित नहुँदा आज सकल
भयो चौबाटोको जनम तप वा वास विफल ॥

४

कि त माता ! मेरो सदय मन यो मन्द गरिद्यो
कि त यात ऽऽयातै पथिकजनको बन्द गरिद्यौ ।
विपद् बाधा भोका अतिथिजनको हेर्न-सहन
नशक्नाले सल्क्यो जननि ! मनमा शोक-दहन ॥

५

नपाई खाना क्यै उदर-गत रूद्राऽनल बली
जलेको देख्दा त्यो गरिबजनको जीवन-कलि ।
जबर्जस्ती मेरो पनि सब जलेको छ हृदय
त्यसैले यो गर्छू जननि ! पदमा विन्ति-विनय ॥

६

उठोस् आँधी-ब्यारी लिइ विकट विध्वंस विभव
फुटोस् वज्रद्वारा पटपट गरी मस्तक सब ।
जुटोस् चर्को कोलाहल-रव, छुटोस् प्राण-पवन
म त्यो मेरो बाधा सहन शकुँला, यो त शकिनँ ॥

७

नशक्नाले भोको अतिथिजनको गर्न कदर
वृथा भैगो, गैगो जननि ! जुनि मेरो, जनि गर ।
खुला देख्छू तिम्रो अति अगम भण्डार, उसमा
कमी केको होला ? किन मकन पाऱ्यौ सकसमा ?

८

पुकारा यो सारा विकल बटुवा-खातिर गरी
झकायैँ चिन्तामा, अलि दिन भयैँ मूर्छित सरी ।
बिलौना मातालें पनि सदयतासाथ सुनिछन्
ममाथी चौतर्फी फल र फुलका हार उनिछन् ॥

९

म ब्यूँझैँ, भेट्टायैँ चटकमय त्यो खाद्य खचित
भयैँ त्यस्ले गर्दा अलि दिन त आश्चर्य-चकित ।

स्वयं शोचैँ फेरि खुशिसँग हँसीलो मुख गरी
अहो ! कस्तो लीला ? प्रकृति-जननीको हरि ! हरि !!

१०

अहो ! त्यो तन्द्रामा कसरि जननीले कुन घरी
गुतायिन् त्यो लम्बा फल र फुलको मञ्जु पगरी ?
भनी छामैँ, थामैँ लचक ललिताऽऽकार उसको
बग्यो मान मेरो खलखल कुलो तृप्ति-रसको ॥

११

मलाई जो त्यस्तो कठिन तपको त्यो फल मिल्यो
त्यसैले नै मानू जनमभरको सङ्कट निल्यो ।
थियो त्यो बेगिन्ती, तदपि सब गिन्ती गरि गरी
मजैमा लर्कियेँ शिरभर सबै लर्कन सरी ॥

१२

बढ्यो त्यस्ले गर्दा चमचम सबैतर्फ सुषमा
भयो जान्ने सुन्ने सकल दुनियाँ मुग्ध उसमा ।
ठुला-साना नाना थकित बटुवाका नजरको
भयेँ मानू तारो उस बखत त्यो मार्ग-भरको ॥

१३

थियो पैले मेरो तरुण वय तेसै चहकिलो
जटामा जस्माथी फल र फुलको रौनक ठुलो ।
त्यसैले भुम्मिन्थे वर पर सदा दर्शकहरु
नहेरी त्यो शोभा कुन हिँडन शक्थ्यो सुरुसुरु ॥

१४

खुशी बढ्दै आयो, दिवस-रजनी-चक्र-चटक
घुमी-हाल्यो मानू निमिषमय भै धेर पटक ।
झुके लुर्का फुर्का सकल पगरीका तल तल
जम्यो ती जबमैमा रूचि रस-रेसा टलबल ॥

१५

सबै आऊन् पाऊन् कठिन तपको उज्ज्वल फल
नहोस् तेरो मेरो भनि कलह यद्दा खलबल ।
म भन्थेँ, त्यो सारा पटु पवन म्यानेजर बनी
सबैलाई दिन्थ्यो महकमय विज्ञापन पनि ॥

१६

चरा, मौरी, कीट, भ्रमर, पुतली-पूर्ण पगरी
भयो, गिर्दा लाग्यो विविध बटुवाका वरिपरि ।
खुल्यो मानू मेरो सुखमय सदावर्त, उसमा
भुल्यो हेर्दा हेर्दै सकल दुनियाँ रङ्ग-रसमा ॥

१७

विचारी बिस्तारै अशनरूचि वा भोक सबको
हवा गर्थ्यो सारा उचित बँटवारा विभवको ।
म भुल्थेँ त्यो देखी मनमन बडो गद्गद बनी
तपस्याको राम्रै अब सफल भो साहस भनी ॥

१८

सबै आये, खाये, प्रणयसित गाये गुण पनि
रमाये, फैलाये सुयश तपसी धन्य छ ! भनी ।

तपस्याको मेरो अमृतमय चिल्लो घन-घटा
फुट्यो, वर्ष्यो, झल्क्यो परम सुखको पावन छटा ॥

१९

हवाको नाघी त्यो खटन बँटवारा हठ गरी
जथाभावी डोकाहरूसहित जाबीतक भरी ।
बटुल्थे लोभीले जब अधिका खाना अनि पछि
म भर्थें त्यो देखी मनमन घिनाईकन छिछिः ॥

२०

जती जो चाहिन्थ्यो जठर-हरिको खातिर उति
लिये, खाये पुग्थ्यो, मुफत किन त्यो सञ्चय अति !
त्यसैले गर्दामा कति गरिबको भाग हरियो
विधाताको खाताउपर सब त्यो पाप दरियो ॥

२१

कठै ! रित्तो पारीकन सब सदावर्त-भवन
हरी सारा साजा पथिकजनको जीवन-धन ।
लगी त्यस्तो चालासित घर भरी सञ्चय गरी
कुहाई थन्क्याई कसरि शुभ होला ? हरि ! हरि ॥

२२

सबै खाये पक्क पिर अपचको पर्दछ कडा
नखाये अर्कैले हरण अथवा गर्छ झगडा ।
कठै ! बाधैबाधा उभयतिर देखिन्छ त पनि
भुलेकै छन् अन्धा मनुजहरू मौरीमय बनी ॥

२३

वृथा खाना भन्दा बढि बढि सदा सञ्चय गरी
धनी बन्छौं भन्दै कृपण-विधिमा लम्पट परी ।
कठै ! अन्धा लोभी मनुज फिर मौरी दुइ थरी
अशान्ति-ज्वालामा मुफत किन जल्छन् ? हरि ! हरि !!

२४

जमाई देखाई महजडित चाका र चकला
अभागी मौरीले मनुजहरूमा सञ्चय-कला ।
शिकायो होला वा मनुज-पशुको नक्कल गरी
बन्यो होला दुःखी मुफत मधुमक्खी जुनिभरि ॥

२५

न जाने मौरी वा मनुज कुन हो सञ्चय-गुरू ?
गर्‍यो होला दुःखी मुफत किन यो झन्झट शुरू ?
यही सत्यानाशी कठिन सरूवा रोग-वश भै
सडेका छन् लाखौं विकल बिचरा मानिस सबै ॥

२६

अहो ! कस्तो प्यारो अधम सरूवा व्याधि इनको
छुट्यो जस्ले गर्दा स्मरण मनमा रात-दिनको ।
जती जम्बा गर्छन् उति उति इनको अवनति
कठै ! छुट्दा चोला नियतिवश होला कुन गति ?

२७

यही अन्धो लोभी मनुज-पशुबाटै बढि बढी
वृथा जम्बा गर्न नरकमय विद्याकन पढी ।

अत्यासैमा मूसा जुनिभर अँध्यारो विवरमा
गरी चीं चीं मर्छन् मनुजहरूकै खेत-घरमा ॥

२८

ठगी, चोरी, डाँका, हरकिसिमको भेल, बखडा,
कुटामारी, गाली, कपट, कटुता, वैर झगडा ।
घृणा, ईर्ष्या, हत्याप्रभृति जति छन् दुर्गुण कडा
सबैको मूलैमा अधम सरूवा सञ्चय खडा ॥

२९

विधाताले लाखौं अमृतमय दैवी गुण सब
भरेका छन् जस्को मगजबिच, त्यै मानव अब ।
फसी तृष्णारूपी विकट सुरसाको वदनमा
गयो देख्दादेख्दै अतिशय नराम्रो पतनमा ॥

३०

यही जम्बा गर्ने अधम सरूवा व्याधि विकट
सरोस् वा सल्कोस् ता जलदबिच वा सूर्य-निकट ।
धरित्रीको सारा मधुर रसधारा खिँचिकन
पलामा पार्नेछन् भुवन उनले भस्म-भवन ॥

३१

कठै ! मौरी, मूसा, मनुज बिचरा सञ्चय गरी
वृथा पाकेका छन् अनलमय चिन्ताबिच परी ।
चरामा त्यो पाजी अधम सरूवा रोग नहुँदा
घुमी नाची गर्छन् अमरपुरको कौतुक सदा ॥

३२

चराले भैँ चारा फगत उदरै माफिक चरी
भ भोली खाँला यो भनि बटुलने लोभ नगरी ।
बढोस् ता यो बाठो मनुज पर-कल्याण-सुखमा
सदा यस्को पथर्‍यो अमृत-रसको स्रोत मुखमा ॥

३३

जहाँ जो भेट्टायो, प्रणयसित खायो फलफुल
चुचो बायो, गायो मधुर सुरमा तृप्ति-गजल ।
अहो ! त्यस्तो राम्रो विहग-कुलको चाल-चलन
शिकोस् ता यो लोभी मनुज किन हुन्थ्यो र पतन ?

३४

अबुभ्रु मनुजको यो मर्म वा दर्द खोली
मुनिवर चुप लागे वाक्य अर्को नबोली ।
श्रुति-युगबिच बग्दो दिव्य पीयूष-धारा
फिर अलि छिनलाई बन्द भो टक्क सारा ॥

✦ ✦

एकादश विश्राम

१

भरिलो मुख – चन्द्र – माधुरी
धमिल्याई उस तर्कले गरी ।
अलि बेर चुपै रहे मुनि
पछि निस्क्यो अनि शीतल ध्वनि ॥

२

कठै ! यस्तै यस्ता हृदय-दहमा तर्क-लहरी
चलेकै वेलामा मनुजहरू आई थरिथरी ।
लुछे, लाछे, तोडे भरसक सबै लर्कन जति
नराखी त्यो मेरो मधुर पगरीको छतिपति ॥

३

झटारो वा साटो, लगुड, भिँगटी, पत्थर, छडी
ममा जो वर्षाये अबुभ्र बटुवाले उस घडी
त्यसैले गर्दा त्यो निरूपम जटामण्डल पनि
बनी-हाल्यो मेरो सकल चकनाचूर छुकुनी ॥

४

कुनै ती हल्लन्थे शिर सब थिचौ झ्याँकुसि गरी
कुनै हान्थे, तान्थे, कर-किशलय-च्छेदन गरी ।
कसैले मर्काये भरसक निमोठी परपरी
बिपत्ता भैहाल्यो प्रकृति-करुणा-प्राप्त पगरी ॥

५

म त्यो चौरस्तामा जुन थकित लाखौँ पथिकको
सदा माला फेर्थें परम हित वा शान्ति-सुखको ।
उनैको देख्दा मैउपर सब त्यो बन्दरपना
अली क्यै मैलो भो कठिन तपको सिद्धि-सपना ॥

६

लुछेको, लाछेको शिर, सकल काया थिलथिलो
थियो त्यो पिट्टाले, नयन-युगको कान्ति धमिलो ।
उदेकायैं, हाँसें मनुज-जुनिको त्यो पतनमा
पऱ्यो कालो रेखा अलिकति उदासीन मनमा ॥

७

स्वयं निःस्वार्थी भै विपद अरुकै निम्ति सकहे
तपस्वी-चोलाको विधि-नियम हो शान्त रहने ।
यही सम्झी मैले अति कठिन त्यो पीडन सहेँ
बुझी दैवी लीला सब, बिलखमन्नै परिरहेँ ॥

८

कठै ! भोलीपल्टै झटपट उनै मानिस सब
भरी डोका-डालाउपर सब त्यै भोज्य-विभव ।
त्यहीँ आये, थुप्रा क्रमसित लगाये वरिपरि
बसे बाटो हेरी फगत रखवारीकन गरी ॥

९

स्वयं खाना खाने रुचि छ, तर त्यो रोकि त्यसरी
फिँजारी त्यो सारा पथिकहरू डाकी घरिघरी ।

गला फारी फारी सब कहन थाले 'किन, किन'
कुनै माने मैले डबल 'किन'को जान्न शकिनँ ॥

१०

मगन्ते भोका वा अबभ बिचरा बालकहरू
मलाई द्यौ भन्दै जब अघि सरेथे सुरूसुरू
अनी हा हा भैगो, सब कहन थाले 'पर पर'
विना पैसा दिन्नौं मुफत किन गर्छौं करकर ?

११

सफा सेता-राता कमरबिच ताता गरि गरी
दबायेका चक्की जतनसित भिक्तै अघि सरी ।
दिनेले त्यो पाये, दिन-लिन नशक्ने जनहरू
चले पैसा छैनन्, भनि मन बुझाई लुरूलुरू ॥

१२

लिई चक्की त्यस्तो किसिमसित मुट्ठी भर भर
दिई खाना जबमै जब जब गयेथे घर घर ।
अनी सम्झँ मैले डबल 'किन' को अर्थ गहिरो
चल्यो जस्ले गर्दा मगजबिचमा गर्र पहिरो ॥

१३

अहो ! पैसा भन्ने कठिन मुहुनीदार चिज त्यो
कहाँ कैले निस्क्यो ? कसरि दुनियाँको मन जित्यो ?
कठै ! जस्तो लागी अमृतमय त्यस्ता फल पनि
शुकी भोकै आफू, अरूकन दिये 'लौ किन' भनी ॥

१४

न टोक्दा टोकिन्छन्, न त छ रस वा स्वाद तिनमा
न ता दिन्छन् प्रज्ञा-बल, न त कनै शान्ति मनमा ।
न जाडो हर्छन् ती, न त उदर भर्छन् अलिकति
कठै ! त्यस्तो श्रद्धासित किन बटुल्छन् बिनसिति ।।

१५

बिकम्बा पैसामा श्रम र गुणको गौरव भरी
अहो ! त्यस्तो कालो विनिमय-कला सिर्जन गरी ।
खिचातानी गर्दै फगत पसिनाको पल पल
हरे ! अन्धो लोभी मनुज धसिँदै गो तल तल ।।

१६

चमत्कारी प्रज्ञा-बलतिर कुनै ख्याल नगरी
कसरी त्यस्तो पैसाउपर ममता-ग्रन्थि त्यसरी ।
कहाँ पुग्नेहोला अबुझ जडवादी मनुज यो ?
कठै ! यस्को भित्री नयन किन तेसै धमिलियो ?

१७

क्षमा, मैत्री, माया, प्रणय, करूणा, शान्ति, शुचिता
सबै स्वाहा पारी पल पल बढाई विषमता ।
पियारो यै पैसा अति कठिन हालाहलमय
बनी संसारैको पछि सहज गर्ला कि विलय ?

१८

जगत्मा पैसाले विनिमय-कला खूब सजिलो
भयो भन्दै होला मनुज, तर त्यो छैन सजिलो ।

त्यसैले गर्दामा हरकिसिमको सङ्कट कडा
खडा हुन्छन् यद्वा जुग जुग तुला झेल-बखडा ॥

१९

नशा जस्तै गाँजा, चरस, अहिफेनाऽऽदि चिजको
विवेक-ज्योत्स्ना वा मधुर छवि छोप्ने मगजको ।
विषालू पैसाले सकल दुनियाँ पागल सरी
बनाई पार्ने भो नकरमय पृथ्वी, हरि ! हरि !!

२०

जसै यो पैसाको नयन-युगमा जम्दछ फुलो
अनी यस्तो राम्रो सकल जगतै हुन्छ धमिलो ।
नमिल्दा क्यै पत्ता वरपर कुनै गम्य पथको
पछारिन्छन् सारा मनुज पिर भोग्दै मुफतको ॥

२१

अँध्यारा पैसाको जति जति बढ्यो सञ्चय कला
जगत्मा निर्धाको उति उति कठै ! शुक्दछ गला ।
बिकून् छोराछोरी, स्वयमपि बनोस् दास बिचरो
कठै ! कल्ले देख्ने उस अबुझको दर्द गहिरो ?

२२

विधाताले कैलै ? किन ? कसरि ? कस्तो कुदिनमा ?
विषालू पैसाको अभिरूचि वृथा मर्त्य-मनमा ।
भर्‍यो होला कोलाहल कलहको जागृति गरी
बन्यो जस्ले गर्दा मनुज बिचरो दानव सरी ॥

२३

बिरामी लोभिन्छन् कुमतिवश जस्तो कुपथमा
दुरुस्तै त्यै ढाँचासित मनुज ती भ्रान्ति-पथमा ।
भुलेको देख्नाले हरबखत पैसाकन जपी
कठै ! आँशू मेरा पनि चुहुन थाले तपतपी ॥

२४

मुटूमा पैसाको प्रबल मुहुनी-मन्त्र ननिको
गड्‌यो जस्को, उस्को सनक अति सन्कन्छ मनको ।
न ता दायाँ-बायाँ, न तलतिर त्यो हेर्दछ रति
कठै ! त्यो के देख्यो उस कलुषको दुष्परिणति ?

२५

कुनै भोका शोकाऽऽकुल विकल काकाकुल सरी
कुनै पोकै-पोका लिइ सयल गर्ने जुनिभरी ।
अहो ! कत्रो पैसा-जनित जनमा यो विषमता ?
यसैमा टिक्ला के जुग जुग कठै ! यो मनुजता ?

२६

बली, बाठा, टाठा, मनुजहरू चातुर्य-दहमा
जमाई अर्काका गरम पसिना भित्रि तहमा ।
डुबी गोता लिन्छन् अबुझहरू गोताकन खपी
क्षुधाको ज्वालामा जनमभर जल्छन् धपधपी ॥

२७

अँध्यारा पैसाको अति जटिल जालोबिच परी
भिंगा भैँ संसारी मनुज बिचरा भुन्भुन गरी ।

मडारिन्छन्, रून्छन् हरसमय गर्छन् छटपटी
कठै ! के फुत्कन्थे तर सब तिनी प्राण नछुटी ?

२८

विषालू पैसाको विकट बढदो व्याधि सरूवा
छिटो सर्दासर्दै भुवनभर सल्कन्छ मरूवा ।
बगैँचा ब्रह्माको सब सहज खड्गार नगरी
कठै ! तेसै जाला कठिनतम यो व्याधि कसरी ?

२९

कडा जोशी, दोषी, तमक, हठ वा गर्व-गुरूता
अहन्ताको आडम्बर, भडकिलो, दम्भ, कटुता ।
सबै हो यै पैसामय जहरको ग्याँस ननिको
हर्‍यो जस्ले सारै सकल सहसा मर्त्य-जुनिको ॥

३०

सदा यै पैसाले कठिन हिमले पङ्कज सरी
थिची दैवी सम्पद् गुण-मधुरिमा सोत्तर गरी ।
लतारेको देख्दा अब भुवन भो सङ्कटमय
भनी बाधा मानी हरबखत यो रून्छ हृदय ॥

३१

भनून् अन्धा लोभी मनुजहरू पैसाकन धन
म सम्झन्छू शा(सा)पै कुटिल विधिको त्यो सनिधन ।
कठै ! जस्का लागी अबुझ दुनियाँ लाखन थरी
विपद् भोगी भुक्छन् हल न चल भै जीवनभरी ॥

३२

इनै पैसा उम्ली तमकसित शस्त्राऽस्त्रहरूको
भिकी तीखो जिभ्रो जुग जुग कठै ! जीवहरूको ।
गला काटी तातो रगतकन चाटी लपलपी
अकालैमा कालाऽनल विकट फुक्छन् धपधपी ॥

३३

कडा गोला गोली हरकिसिमको बाफ, बिजुली
बनी मैला पैसा मनुजभर पारी खलबली
उडेका छन्, बाठा मनुजहरू देख्छन् झिलिमिली
सडेका छन् लाटा जन सब शुकी जीवन-कलि ॥

३४

कठै ! बाठो-टाठो अमर प्रतिभाको निधि सरी
चमत्कारी प्रज्ञा-प्रबल नरको जाति यसरी ।
नडूबे पैसाको मलिन ममता-रूप विषमा
चिरञ्जीवी बन्थ्यो, अभयपद लिन्थ्यो निमिषमा ॥

३५

क्षमा, लज्जा, मैत्री प्रभृति गुणको आसन कसी
उसैमाथी आफू अति भडकिलो भैकन बसी ।
जगत्मा पैसाले हरतरहका दुर्गुण जति
नचायेको देख्दा हृदय सब भो घायल अति ॥

३६

क्रमसित सब यस्तो तुच्छ पैसा-प्रधान
मनुज-चरितलाई दुःखको नै निधान ।
कहिकन तपसीले नेत्र चिम्ले तुरुन्त
हृदयबिच उदायो दिव्य अर्कै वसन्त ॥

✦✦

द्वादश विश्राम

१

कविजी प्रिय शिष्य भैँ बनी
कर जोडेर सबै कुरा सुनी ।
अलमल्ल थिये अली छिन
फिर बोले तपसी तपोवन ॥

२

धमीलो त्यै पैसा-विषयक कडा तर्क मनमा
घुमेकै मौकामा ऋतु पनि घुमे क्यै भुवनमा ।
खडा भो वर्षाको समय, फिर त्यो कृष्ण-रजनी
अँध्यारो औँसीको, घन-पटलले गुम्फित पनि ॥

३

न वा आकाशैमा निविड तम उम्रीकन बस्यो
न वा त्यो आकाशै तम-जलधिमा गैकन पस्यो ।
मसीमा चोबिन् वा प्रकृति-जजनीले गगन यो
बिलायो वैषम्य-स्थिति, सकल एकाम्मय भयो ॥

४

दुवै आँखा चिम्ली म पनि बहुधा त्यो बखतमा
रहन्थेँ वा खेल्थेँ हृदयगत अन्तजर्गतमा ॥
खुल्यो सुस्तै मेरो पलक, नगिचैमा अलिअलि
कुनै सानू देखेँ किरण-कणिकाको पिलिपिलि ॥

५

तमासा यो क्या हो ? कुन चटक यो नेत्रपुटमा
पर्‍यो कस्ले फाल्यो किरणमय झिल्को निकटमा ?
भनी हेर्दाहेर्दै निविड तम चिर्दै चरचरी
उडेको भेट्टायैं चटुलगति सानू जुनकिरी ॥

६

झिँगा जस्तो सानू तर अति कडा साहस धरी
फुकाई आशाको झलकमय आलोक-गठरी ।
बढेको देख्दा त्यो निविड तममा निर्भयसित
भयो मेरो भित्री हृदय सब आश्चर्य-चकित ॥

७

प्रभाद्वारा बल्दो विपुल रविको मण्डल कहाँ ?
सुधा-वर्षा गर्ने विशद विधुको गौरव कहाँ ?
कहाँ त्यो विद्युत्को चहक ? फिर तारा ग्रह कहाँ ?
कठै ! त्यस्तो सानू उस जुनकिरीको द्युति कहाँ ?

८

पखेटा खुल्दा त्यो क्षणभर हिरा भैँ झिलिमिली
नखुल्दा वा अड्दा गहन तमभित्रै इलिलिली ।
घडी झिम्क्यो, चम्क्यो चमचम घडी, यै क्रम गरी
हजारौं देखायो चटकमय लीला हरि ! हरि ॥

९

घडी ठाडै जान्थ्यो तमकसित केही पर पर
घडी त्यो लत्रन्थ्यो शिथिल भइ केही तलतिर ।

घडी तेर्छो, बाङ्गो गतिविधि अनेकौं लिइकन
बलैले त्यो गर्थ्यो तम-जलधि सम्पूर्ण मथन ॥

१०

दुवै आँखा चिम्ली प्रकृति सब त्यो मस्त निदमा
निदायेको साह्रै कठिन डरलाग्दो समयमा ।
न जाने त्यो त्यस्तो किसिमसित के खोजन भनी
सिटो बाली घुम्थ्यो निरतिशय उत्साहित बनी ॥

११

थियो त्यो वेलाको जलधिमय कालो तम घना
सिपीको डुङ्गा भैँ झलक, धृति, उत्साह बहना ।
स्वयं त्यो खेवैया चतुरमति माझी जुनकिरी
न जाने दौडन्थ्यो कुन तट निहारी ? हरि ! हरि ॥

१२

जती उस्ले चिथर्‍यो चरचर तमोराशि बिचमा
उती जुट्थ्यो रेखा नपरिकन सारा निमिषमा ।
तमासा त्यो देख्दा हृदयबिच लागी कुतकुती
भनैँ मर्मस्पर्शी वचन उसलाई अलिकति ॥

१३

तँ सानै छस् बाबू ! तर तँसित आलोक-कणिका
हुनाले क्यै भित्री दिल सकल पारीकन फुका ।
दिँदैछन् धक्का त्यो अभयसित दुर्भेद्य तममा
म सम्झन्छू तेरो सफल जुनिको त्यो मधुरिमा ॥

१४

हजारौं तैं जस्ता पुरूषहरू पैले पिलिपिली
गरी बढ्दाबढ्दै भुवन सब पारी झिलिमिली ।
गये वा जाँदैछन् तँ पनि तिनि भैं कत्ति नडरी
अगाडी बढ्दै जा मलिन तम त्यो भेदन गरी ॥

१५

तँ सानू, त्यो सानू किरण-कण, सानू गतिविधि
कठै ! त्यो झन् सानू, निविड तम-विच्छेदन-विधि ।
सबै यो देख्दैछू तदपि मनले भन्छ नडरा
जती शक्छस् कालो गगनपथ आलोकित गरा ॥

१६

न देखिन्छन् ऐले दिनमणि, न तारा, ग्रह, शशी
न आँखाले भेट्छन् चपल-बिजुली दर्शन-खुशी ।
अहा ! त्यो मौकामा पिलिपिलि तँ गर्छस् जतिजति
तँमाथी वर्षन्छन् प्रणय-फुल मेरा उतिउति ॥

१७

न त्यो तेरो तातो छवि छ रविको भैं अति कडा
न त्यस्मा क्यै देख्छू तुहिनकरको शीत-बखडा ।
अनौठाको, सानै तर मधुर आलोक-गठरी
म हेर्दैछू तेरो पलक नलगाई छक परी ॥

१८

फुका बाबू ! भित्री किरण-गठरी त्यो सब फुका
फिँजा त्यो चौतर्फी गगनपथमा, कत्ति नलुका ।

धुँदै जा, चिर्दै जा निविड तम, त्यो गर् सब धुजा
हटा मैले पर्दा, विजय-सुखको दुन्दुभि बजा ॥

१९

कुनै गर्जोस् कालो घन घन-घटा, कत्ति नडरेस् ।
कुनै धक्का मारोस् पवन, तल उत्रेर नझरेस् ।
स्वयं दल्दै मल्दै कठिन पिर-बाधा सब भगा
अली चर्को पारी मधुर छविको दीपक जगा ॥

२०

खुलायिस् यो मेरो नयन जुन आलोक-लवले
म भन्छू त्यै पाओस् झलक दुनियाँमात्र सबले ।
सबै आँखा खोलून् समय नगुमाऊन् मुफतमा
तँ भैँ बढ्दै जाऊन् अनवरत कर्तव्य-पथमा ॥

२१

उदाऊन् अस्ताऊन् हरबखत तारा, रवि, शशी
दगुर्छन् बोत्रैमा अबुझ दुनियाँ भित्र नपसी ।
प्रभा पर्दो हो त अलिकति पनी भित्र तिनको
सबैको धोयिन्थ्यो अति मलिन दुर्भाव मनको ॥

२२

प्रभाको साथैमा मधुर मुहुनीदार सुर ली
तँ फुक्तै जा भित्री श्रवण-बिच चैतन्य-मुरली ।
सदा अन्धो पारी गहन तमले विश्व ननिलोस्
म भन्छू यस्लाई अमृत पिउने औसर मिलोस् ॥

२३

अँध्यारैमा जन्म्यो जुनिभर अँध्यारो पथ गरी
अँध्यारैमा हुक्र्यो, पछि पनि अँध्यारो पथ धरी ।
परी अन्धो बैह्रो अबुझ दुनियाँ अन्ध विधिमा
डुबेको देख्दैछू जुग जुग अँध्यारो जलधिमा ॥

२४

बिपत्तैमा बग्दो, अति कठिन, बाङ्गो अतिथिको
अँध्यारो यो सारा गुणमय पसारो प्रकृतिको ।
उही नीलो कालो जलधिबिच पस्तोछ त्यसरी
तमासा यो कस्तो ? अझ नभरिने त्यो हरि ! हरि ॥

२५

कठै ! कस्ता कस्ता पुरुषहरू लाखौँ चहकिला
नजान्नाले भित्री गहन तमको भेदन-कला ।
जथाभावी खर्ची छवि सकल यै बाह्य पथमा
गये वा अस्ताये उस जलधिभित्रै मुफतमा ॥

२६

म त्यो सारा सम्झी फगत करूणाको वश परी
तँलाई क्यै भन्छू, मसित नरिसा है जुनकिनरी ।
घुमिस्, खेलिस्, नाचिस्, गगनबिच झिल्किस् झिलिमिली
तँ आफैँ सम्झी त्यो तर कति पलाको पिलिपिली ?

२७

म यस्तो भन्दैछू निमिषभरमा दर्दर गरी
हवा साथै वर्ष्यो जब मुशलधारेपन धरी ।

खतम् भैगो उस्को पिलिपिलिसँगै जीवन-कला
गन्यो उस्ले मेरै शिरबिच कठै ! दीर्घ सुकला ॥

२८

यति भनि तपसीले सूक्ति-निस्यन्द थामे
कर-कमल उठाई आफनै माथ छामे ।
मनमन उनको त्यो सूक्तिमा भक्ति जाग्यो
हृदयगत अँध्यारो गर्वको भूत भाग्यो ॥

✦✦

त्रयोदश विश्राम

१

पिउँदै रसिलो सुध सरी
मुनिको भावुक भाव-माधुरी ।
कवि दङ्ग थिये पला पला
फिर सुस्तै मुनिको खुल्यो गला ॥

२

पर्‍यो मैलो छाया किन किन उदासीन मनमा
म टोलायैँ ज्यादा उस जुनकिरीको निधनमा ।
बित्यो सुस्तै सुस्तै समय, बटुवाको फिर उही
फुक्यो याताऽऽयात-क्रम विषय वा जीवन-बही ॥

३

परैदेखी हेर्दै प्रणयसित मेरो मधुरिमा
फराकीलो छाया-जडित उस चौकी-उपरमा ।
ठुला साना लाखौँभरि पथिक थाले बटुलिन
बन्यो मानू चौकी थकित सबको शान्ति-सदन ॥

४

झरी, वर्षा, वर्षापल विकट शीताऽऽतप, हुरी
खनिन्थ्यो, वर्षन्थ्यो सब फगत मेरै शिरभरी ।
लिई आडा मेरो पथिक पथको सङ्कट छली
सुबिस्ताई लाखौँ किसिमसित गर्थे खलबली ॥

५

गुणी, ज्ञानी, ग्वाला, कृषक, भिखमङ्गा, लखपति
विलासी वैरागी प्रभृति, बहुरङ्गी पथिक ती ।
त्यहाँ जो जो बस्थे विविध तिनको भाव-लहरी
म देख्थैं, फन्कन्थे हृदय-दहमा तर्क-भुमरी ॥

६

कुनै द्यौता जस्ता सुघर, सुकिला बाहिर भने
कलेजामा हेर्दा मलिन फुहरी हेर्न नहुने ।
कुनै काला, मैला, मलिन, फुहरी बाहिर भने
मुटू छामी हेर्दा हृदय सहस गद्गद हुने ॥

७

हजाराैँ के ! लाखौँ पथिकहरूमा भित्र सुकिला
थियो यौटा दोटा, अरू सकल काला र कुचिला ।
कठै ! रूञ्चे दुःखी हृदय सबको लाखन थरी
दुराशाले गर्दा गरम ऋतुको चातक सरी ।

८

कसैलाई कोही न अनुभव विश्रान्ति-सुखको
कसैको देखिन्थ्यो न त चहकिलो कान्ति मुखको ।
जता हेर्‍यो तृष्णामय विकट 'कालाज्वर! उठी
डढेको छातीमा हरबखत कालो भुटभुटी ॥

९

बिसायौँ भन्दैछन् सकल, तर विश्रान्ति तनको
थियो खाली घुम्थ्यो डबल गतिले चक्र मनको ।

कठै ! त्यस्ले गर्दा निमिषभरमा ती जुरुजुरु
उठी चल्थे, लाग्थे सब दश दिशामा लुरुलुरु ॥

१०

कुनै बाङ्गो पारी शिर, कमर बाङ्गो गरि कुनै
कुनै खुट्टा बाङ्गो गरि, नजर बाङ्गो गरि कुनै ।
उठी बाटो लागे, अरू पथिक आये फिर बसे
नउठ्दै ती अर्कै झटपट पुगे आसन कसे ॥

११

रही एवंरीत्या अटल उस चौकीबिच खडा
सबै यातांऽऽयाता-क्रम-विषयको दीर्घ रगडा ।
जती हेर्दै जान्थैँ पथिकजनको आखिर उति
मलाई झल्कन्थ्यो उस मनुजताको अवनति ॥

१२

कसैको आँखाले उदरसित भन्थ्यो-जुनिभरी
भुकी तेरा निम्ती विकट पथ नापूँ म कसरी ?
कसैको त्यै आँखासित उदर भन्थ्यो-अति भयो
तँ लोभीले गर्दा हल न चल मेरो गति भयो ॥

१३

कसैको टोपीको मल-मलिन घेरो छ शिरगा
टुटे, चिल्थो भोटो फगत पसिना-पूर्ण हरमा ।
कहन्थ्यो नाम्लाले जड मगजको हूँ म पगरी
निचोर्दै छु तेरो समझ अथवा ज्ञान-गठरी ॥

१४

कुनै कालो तृष्ण-जलधिबिच घाँटीतक डुबी
लिऊँ यै चोलामा धनधवल कौवेर पदवी ।
भनी कौडी कौडीउपर मुटुका रक्त-कणिका
भुकायेका देखे दिवस-विधु जस्तै अति फिका ॥

१५

अनौ वा कोदाले परशुहरू पत्री जुनिभरी
उठेका ठेलाले कठिन बिचरा पत्थर सरी ।
कसैका हत्केला मधुर मुहुनीदार महर
छुनासाथै भुल्थे सकल जुनिका कष्ट कहर ॥

१६

नछोयेका ढुङ्गा प्रभृति अरू खस्रो चिज जति
कसैको हत्केला कमल-दल भैँ कोमल अति ।
बडो बाधा मान्थे मुहर, रूपियाँ छन्छन गनी
उनै भारीबोका गरिबकन ज्याला दिन पनि ॥

१७

कडा अड्बे-खड्बे बगर, काँटिलो जङ्गल-तटी
उकालो, ओह्रालो हिंडिकन फुटेका पटपटी ।
कसैका पैताला समझ नभयेको पशु जुनी
भलो भन्थे, गर्थे कठिन खुरको खूब सहनी ॥

१८

जुता, मोजा यद्वा कठिनतम दोचा जुनिभरी
उनी गुम्स्यायेका क्षणभर धरा-स्पर्श नगरी ।

कसैको पैताला गरम पसिनाले लपलपी
भिजी रुन्थे, जल्थे मनुज-मतिदेखी धपधपी ॥

१९

कसैको कन्थाको विकट बदबूले हरघडी
भुकी बस्नूपथ्र्यो जिनतिन दुवै नाक पकडी ।
कसैले पैह्रेका तरल खुसबूको महकमा
हवा पौडी खेल्थ्यो पल पल खुशीको बहकमा ॥

२०

डँडाल्नाको बाङ्गो धनुष, फिर ताँदो खकनको
घना सुस्केरा नै अनवरत टङ्कार धनुको ।
बडो भुत्ते बोधो श्रम शर गरी दीन भरिया
शिकारी भै मार्थे निजतिन कठै ! भोक-चिडिया ॥

२१

कुनै छाता ओढी अकडसित ताम्दानबिचमा
बसी पुग्नासाथै सरस उस चौकी-नगिचमा ।
कहन्थे डोले हो ! नभन 'अब बस्छौं' गरम भो
मलाई त्यो सुन्दा उस मनुजतामा शरम भो ॥

२२

भिकी बासी सत्तू जठर-हरिको पूजा गरूँ
भनी लागे कोही तर पवन आयो हुरुरुरु ।
धुलो वैर्‍यो उसमा, निमिषभरमा त्यो पनि उड्‍च
मलाई मायाले मुटुकन समातेर जकड्‍च्यो ॥

२३

कुनै थुप्रो खानाउपर पनि खाना थपि थपी
चुसी चाटी टोकी चिजबिज अनेकौं लपलपी ।
डकारी खै मेरो मधुर हजमी पाचक भनी
शिशी बट्टा खोजी गजबसित लड्थे कनिकनी ॥

२४

कुनै फुस्रा धुस्रा चुटुचुटु जगल्टा र जुटिका
फुटाई पल्टाई चपलगति दुर्भाग्य-गुटिका ।
टिपी राखी ढुङ्गाउपर सब फोर्थे पटपटी
मलाई त्यो देख्दा हृदयबिच हुन्थ्यो छटपटी ॥

२५

तलासेका चिल्ला महक उडने बालहरूमा
कसैको दौडन्थ्यो मन मुदित गर्ने मधुरिमा ।
खरानीले गर्दा शिव शिव !! कसैको शिरभरी
सुना-झाँक्रीको झैं चमक चमकन्थ्यो सुनहरी ॥

२६

यताको यो चिल्लो छवि फिर उताको सुनहरी
प्रभाव दोटै भिन्नै किसिमसित भिन्नै पथ गरी ।
उनै फुस्रा धुस्रो कृषकहरूका मध्य शिरमा
मडारिन्थ्यो, खेल्थ्यो घुमि घुमि बडो मस्त सुरमा ॥

२७

धराको छातीमा तपतप चुहेका अति घना
टिपी मोती जस्ता श्रम-जलधिका दिव्य पसिना ।

कुनै उन्थे माला जनमभर सौभाग्य-सुखको
कुनै भन्थे खोस्यो किन कपटले गाँस मुखको ?

२८

झुटा साँचा लाखौं विधिसित सबैमाथि सबको
खिचातानी चल्दा फगत पसिनाको विभवको ।
अशान्ति-ज्वालाको घर घर थियो नित्य नचरी
सबै दौडन्थ्यो शठ जठर भर्ने थरहरी ॥

२९

सबै लोभी, लाल्ची, हृदय सबको शुष्क बगर
सबैको अर्कैमा गरम पसिनामाथि रहर ।
कुनै त्यो सन्तोषी पुरुष कहिल्यै भेट्न शकिनँ
नचाहोस् जो ताता मधुर पसिना चप्प पिउन ॥

३०

जती जस्ले जान्यो गरम पसिना टिप्न अरुका
उती उस्को देखैं वजन अथवा मान गह्रुका ।
जती जस्ले पोख्यो गरम पसिना भूमितलमा
उती उस्को देखैं वजन हलुका मर्त्यकुलमा ॥

३१

मठी, मानू, पाथी गरम पसिना जोसित जति
जुट्च्यो उस्को झन् झन् डबल दिलको लालच अति ।
कठै ! त्यस्तो बढ्दो विकट सुरसाको वश परी
सुखी हुन्थ्यो अन्धो मनुज कसरी त्यो हरि ! हरि ॥

क्रमसित उस चौकी-मध्य विश्रान्तिकारी
थरि थरि बटुवाको चित्र थोरै उतारी ।
मुनविर फिर आफू भैगये सुस्त सुस्त
अचल अति उज्यालो चित्र जस्तै दुरूस्त ॥

✦✦

चतुर्दश विश्राम

१

अलि बेरा पछी तपोधन
तपसीको मुख-पद्म पावन ।
ढकमक्क भयो पुरा पुरा
चुहिहाले मकरन्द भैँ कुरा ॥

२

खिचातानी हेर्दै गरम पसिनाको छक परी
भ्रुकेको मौकामा प्रकृति-जननीले शिरभरी ।
गुनायिन् त्यै फेरी फल र फुलको दीर्घ पगरी
जुटे जस्ले गर्दा अतिथि अघि भैँ लाखन थरी ॥

३

लुछे, लाछे उस्तै किसिमसित त्यो दीर्घ पगरी
जती जस्ले पायो भरशक लुछ्छ्यो लालच धरी ।
म उस्तै नङ्गा भै अबुझ दुनियाँको चलनमा
उदेकायेँ खाली नलिइ पिर वा दर्द मनमा ॥

४

गरी यै ढाँचाले परहित सदा भक्तिसहित
बिते मेरा सुस्तै विजन-पथमा वर्ष बहुत ।
भयो फुस्रो धुस्रो तन पनि कडा काल-गतिले
सबै लुर्का फुर्का मकन दिन छोडिन् प्रकृतिले ॥

५

म भोग्थेँ वर्षेनी जुन विभवले चोट अरूका
लुछिन्थेँ, लाछिन्थेँ, उहि सब भयो कारण फुका ।
छुट्यो लण्ठा, टण्टा, अटल गजधम्मे बनिकन
म लागेँ एकाकी फगत उहि छाया-सुख दिन ॥

६

कुनै वेला आये युवक रसिला गोप लहडी
भिके ऐना, लाये तिलक पनि सिन्दूर रगडी ।
पुछे औँला मेरो विपुल कटिमा त्यो सिँदुरको
बस्यो रातो धर्सो गुरू-सदृश भै मूर्खहरूको ॥

७

चले ग्वाला, ढाक्रे फिर उहि थलामा गइ बस्यो
हिँड्यो ढाक्रे, हिँड्दा अलिकति त्यहाँ चामल खस्यो ।
त्यहाँ त्यो सिन्दूराऽक्षत नगिच देख्यो जब अनि
चढायो अर्काले किन किन मलाई फुल पनि ॥

८

जसै त्यो सिन्दूराऽक्षतसहित देख्यो फुल, अनि
रहेछन् द्यौता ई भनिकन भुकायी शिर पनि ।
थप्यो रोटी, माला, अबिरहरू अर्को अघि सरी
म द्यौता भैहालेँ अबुझ बटुवाको जुनिभरी ॥

९

कसैले त्यो देगी प्रणयसित गङ्गाजल दियो
कुनै आयो पञ्चाऽमृतहरू चढायो खुसि भयो ।

कसैले श्रीखण्ड-प्रभृति बढिया चन्दन दियो
ध्वजा टाँगी कोही 'जय जननि !' भन्दै घर गयो ॥

१०

कुनै राती बस्ता अबुझ बिचरा धूपसहित
झिनू बत्ती बाली विनयसित भन्थे 'गर हित' ।
कुनै सत्तू, च्यूरा अलिकति झिकी अर्पण गरी
स्वयं खान्थे, चल्थे हरबखत मेरो भर परी ॥

११

कुनै घुम्थे छर्दै फुल, मकन दायाँतिर गरी
कुनै ढोग्थे पुष्पाऽञ्जलिसहित भेटी पनि धरी ।
बढ्यो एवंरीत्या प्रतिदिन ठुलो पूजन-कला
पुजारी भै लुट्थे पटु पुरुष नैवेद्य, मसला ॥

१२

मलाई यस्तो होस्, पछि म गरूँला पूजन भनी
कुनै थाले गर्न भ्रमवश कठै ! भाकल पनि ।
पुग्यो उस्को इच्छा विधिवश, म दाता हुन गयेँ
गर्‍यो पूजा भारी, मुसुमुसु म हाँसेर उभियेँ ॥

१३

कुनै च्याङ्ग्रा, बोका प्रभृति पशु रेट्थे बलि भनी
कसैले टक्र्याये मकन कुखुराका फुल पनि ।
कसैले घोप्ट्याये हरकिसिमको मद्य पदमा
म जो देख्दा डुब्थेँ अति कठिन भित्री विपदमा ॥

तरुण तपसी / ११३

१४

कसैले भूमे हुन् भनि मकन माने, बलि दिये
कसैले पूजामा विकट वनदेवी पद दिये ।
कसैले वाराही भनि हृदयले पूजित भयेँ
कसैको आँखामा अति जहरिलो नाग म थियेँ ॥

१५

कसैले द्यौराली भनिकन ठुलो आदर गरे
कुमारीको श्रद्धा लिइकन कसैले स्तुति गरे ।
कसैले हेर्दा त्यै विजन पथको यक्ष म थियेँ
कसैको लेखामा भय भुटिदिने भैरव भयेँ ॥

१६

हली, घाँसी, ग्वाला, कृषक भरिया आदि यसरी
सदा पूजा गर्दै चरणतलमा लम्पट परी
पुकारा यो गर्थे 'प्रभु ! सकल इच्छा सफल होस्
म भर्थें बिस्तारै अबुझ ! तिमिमा आत्मबल होस् ॥

१७

सदा यै चालाले अबुझहरू विश्वासवश भै
त्यहाँ लागीहाले विधिसहित पूजा दिन सबै ।
म द्यौता, त्यो चौकी विधि-विहित देवस्थल भयो
पछी सुस्तै सुस्तै मुलुकभर माहात्म्य फिँजियो ॥

१८

कुनै भन्थ्यो साक्षात् मकन इन दर्शन दियिन्
कुनै भन्थ्यो स्वप्नाबिच नगिच आयिन् र दबियिन् ।

कुनै भन्थ्यो मैले कति कति सुनेँ शब्द इनको
कुनै भन्थ्यो मेरो सब हरिदियिन् कष्ट मनको ॥

१९

कुनै भन्थ्यो राती सकल जमिनै बल्दछ अरे
कुनै भन्थ्यो पैले इतिकन नमान्ने सब मरे ।
अहो ! यस्तैयस्ता उपकथन, हल्लाहरू गरी
फसे सारा बोक्रे विधि-नियम-पट्टी हरि ! हरि ॥

२०

बनी ध्यानी पीताऽम्बर कमरमा टम्म पहिरी
लिई माला, छालाउपकर दृढ पद्माऽसन धरी ।
जपी जागा गर्थे बुधहरू तुला जन्तर बुटी
थियो मानू चौकी उस बखतको सिद्धि-ढुकुटी ॥

२१

गयो बढ्दै चढ्दै किन किन तुलो पूजा-कला
मजैमा घन्कन्थे घननन गरी घण्ट, तबला ।
अनौठाको आडम्बर उदित भो मर्त्य-मनमा
कठै ! त्यस्सै भाग्यो श्रुति-विहित-अध्यात्म वनमा ॥

२२

महात्मा भै कोही फगत पर-निन्दाकन गरी
म यस्तो हूँ भन्दै श्रवणबिच हालाहल भरी ।
बटुल्थे वा लुट्थे हरकिसिमले गुह्य गठरी
कुनै चाबी बस्थे गरम हलुवा, घेवर, पुरी ॥

२३

निचोरी निर्धाका रगत-पसिना घूस बटुली
ठुलो पूजासामासहित लिइ बोकाहरू बलि ।
कुनै पूजा गर्थे 'जननि ! खुशि होऊ' भनिकन
म रून्थेँ त्यो देखी मनुज-मतिको उग्र पतन ॥

२४

क्रमैले त्यो चौकी अतिशय ठुलो तीर्थ गनियो
हजारौँ के लाखौँ मनुजहरूको भीड उनियो ।
अहा ! त्यो वेलाको अति मधुर मेला रमझम
थियो यौटा भारी चटकमय भाग्योदय-सम ॥

२५

हजारौँ धर्माऽऽत्मा जनहरू तहाँ रात-दिवस
बसी गर्थे लाखौँ किसिमसँग सद्धर्म-बहस ।
मलाई जो मान्थे तिनिहरू ठुला आस्तिक थिये
नमान्ने जो जो हुन् तिनिहरू हठी नास्तिक भये ॥

२६

अहिंसा अस्तायो, यम, दम, दया, सत्य दलियो
क्षमा, मैत्री भाग्यो, प्रणय, शम, सन्तोष छलियो ।
उज्यालो, देखौवा तिलक अति सानू अबिरका
निशाना भैहाल्यो विधिवश कठै ! धर्मतिरको ॥

२७

उदेकाई खाली नलिइ मनमा ग्लानि कटुता
सबै हेर्दाहेर्दै चटकमय त्यो धर्म-पटुता ।

बितीहाल्यो धेरै समय, जुग अस्तोन्मुख भयो
नगीचैमा आई गहनगति विज्ञान उभियो ॥

२८

थियो जस्तो पैले चटकमय त्यो धर्म नकली
जुट्यो उस्तै आई चटकमय विज्ञान नकली ।
दुवै लागे ठाडै भिडिन सबको शान्ति-विधिमा
म डूबैँ त्यो देखी अति गहन चिन्ता जलधिमा ॥

✦✦

पञ्चदश विश्राम

१

पिउँदा   पिउँदै   प्रतिक्षण
मुनिको वाक्य-सुधा विलक्षण ।
कविको मन त्यो पुग्यो वहाँ
गहिरो नीरवता थियो जहाँ ॥

२

अहो ! सुन्दासुन्दै अबुझ दुनियाँको रिमिझिमी
अकस्मात् टोल्हायौ कविवर ! बिचैमा किन तिमी ?
तिमी सुन्दै जाऊ विविध घटना-चक्र सब त्यो
जहाँ मेरो धेरै तरुण वय वा जीवन बित्यो ॥

२

थियो त्यो मौकामा उभय जुगको सन्धि-समय
सबैलाई लाग्थ्यो मनमन ठुलो संशय भय ।
न जाने के होला ! भनि सब थिये शङ्कित अति
सबै त्यो कुस्तीको हरबखत हेर्थे परिणति ॥

३

दुवै लड्दालड्दै नियतिवश विज्ञान बलियो
विजेता भै निस्क्यो, स्थविर बिचरो धर्म थलियो ।
थिये मैले हेर्दा तिनि उभय निस्सार नकली
विजेताले पायो तर पनि ठुलो नाम सकली ॥

५

कठै ! त्यस्ले गर्दा कठिन जडवादीपन बढ्यो
कुराकानी दैवी गुण जति थियो त्यो सब उड्यो ।
घुम्यो मेरो माथा, गम अगमतामा बदलियो
बग्यो आँशू, आँखा किन बिझायो, धमिलियो ॥

६

कडा बेचैनीले सकल मुटुको चाल जकड्यो
उही आकाशैको पथ नयनले टप्प पकड्यो ।
निमेषैमा मानू कठिन पिँजराबाट सहसा
चरो उम्क्यो भोगी जिनतिन अँध्यारो दिनदशा ॥

७

उता हेर्नासाथै अगम नभको नील परिधि
यताको यो बिर्सैं उभय जुगको सङ्क्रम-विधि ।
हवामा बोहोरी विहग सरि ठाडै बहकिँदै
चल्यो माथी मेरो नयन नभमा चक्कर लिँदै ॥

८

पलाको आधामा गगनमय त्यो शून्य नगरी
घुमी फन्का मारी हरकिसिमको कौतुक गरी ।
खुशी भै त्यो पन्था विहगकुलको लङ्घन गर्‍यो
हवाको फोक्कामा जलद उसको सम्मुख पर्‍यो ॥

९

सफा चिल्लो काठी घनपटल, घोडा पवन भो
लगामैको शोभा चपल बिजुलीमा उदित भो ।

चढ्यो त्यो काठीमा, हरतरहका चक्कर कडा
लिँदै दौड्यो, देख्यो क्षणिक सुखका धेर अखडा ॥

१०

कतै स्वर्गङ्गाका चपल मसिना सीकर झरी
बतासिनथे, गर्थे पवनसित हाँस्तै मसखरी ।
जहाँ पर्नासाथै रवि-किरण-माला सुनहरी
हजारौँ निस्कन्थ्यो विशद नभमा रङ्ग चुनरी ॥

११

सुगन्धी कस्तूरी-प्रभृति चिजको लेप उरमा
धरी भर्दै मीठो महक उसका यक्षपुरमा ।
कतै घुम्थे फिर्थे चपलनयना यक्षयुवति
थियो जस्को लीलामय लचकिलो मञ्जुल गति ॥

१२

कतै नामी विद्याधर-युवक विद्या सब शिकी
रसीलो सङ्गीत-स्वर-मधुरिमा लाखन झिकी ।
अगम् ताना लिन्थे गगनतल पारी घुनुनुनु
सुरस्त्रीको गर्थ्यो मुदित मन जस्मा छुनुमुनु ॥

१३

कतै नानारङ्गी कुसुमित लता-कुञ्जहरूमा
बसी गाना गर्थे अमर कुँवरी मस्त सुरमा ।
अहो ! जस्ले गर्दा मधुर मुहुनीको वरिपरि
मिठो झर्ना झर्थ्यो श्रवण सबको शीतल गरी ॥

१४

चढी धागो जस्ता अमृतमय शीता शु-करमा
सुरेलीको साथै ललित झुलनाको रहरमा ।
कतै हाँस्तै खेल्दै सुरयुवति भन्थे चह चह
छचल्किन्थ्यो जस्ले प्रणय-सुखको शीतल दह ॥

१५

कतै खम्बा जस्ता अटल हठिला सिद्ध तपसी
बसी आकाशैमा नियमसित सिद्धाऽऽसन कसी ।
डुबेका देखिन्थे अगम परमाऽऽनन्द-रसमा
थियो जस्को साह्रै मधुर मुखको शान्ति-सुषमा ॥

१६

कतै विद्युल्लेखा-ललित छरिता उन्मद परी
बिखेर्दै चौतर्फी महकमय माधुर्य-लहरी ।
हावामा पौड्न्थे जुन पवनको स्पर्श-सुखमा
तपस्वीको पुग्थ्यो जप-तप सबै मृत्यु-मुखमा ॥

१७

विमान-श्रेणीमा भ्रमणपटु वैमानिकहरू
कतै उड्थे लम्बा सफर-सुख भोगी हुरुरुरू ।
अहा ! जस्को छाया ध्वनि-मधुरिमाले छक परी
तमासा त्यो हेर्थे तल सकल ठाडो शिर गरी ॥

१८

कतै शोभा छर्दै कठिन तपको सिद्ध-रमणी
लटामा लर्काई सुर-कुसुम वा शङ्कर-मणि ।

बहन्थे वा उड्थे सररर निरालम्ब पथमा
चढी ज्यादा तेजी हृदय-कृत सङ्कल्प-रथमा ॥

१९

कतै उस्तैउस्ता कुसुम-भरले मत्थर-गति
वसन्तश्री जस्ता मगन-मदिरा-मस्त युवति ।
हठी सिद्धि-प्रेमी कठिन तपमा मस्त जनको
तपस्यामा गर्थे नयन-शरले घात ननिको ॥

२०

कतै लुर्के फुर्के फुल मुजुरा पल्लव पनि
उनी वन्य-श्रीले खचित वनदेवीमय बनी ।
मजा मानी गर्थे उपवनविषे किन्नर-सुता
लुकामारी साथै हरकिसिमको रङ्ग-रमिता ॥

२१

कतै राम्रा रत्न-द्युतिमय दिशापाल-सदन
कतै घुम्थे साक्षात् कुसुमधनुका साथ मदन ।
कतै चन्द्र-ज्योत्स्ना-धवल सुरगङ्गा-निकटमा
तपस्वी देखिन्थे तप-शिखर भैँ टम्म तटमा ॥

२२

कतै रक्षो-भूत प्रभृति गणका बाल वनिता
गला फारी पढ्दै हरचरितका गीत कविता ।
निशामामा उफ्रन्थे हरतरहको ताण्डव गरी
थियो जस्तो केही पर उपर कैलास-नगरी ॥

२३

तमासा ती खासा उपसुर-पुरीका सब थरी
निहारी त्यो भन्दा पनि उपर जाने सुर धरी ।
चढ्यो फेरी मेरो नजर नभमा साहस गरी
सबै त्यागी साना कुसुम-कलिका षट्पद सरी ॥

२४

तडिल्लेखा भन्दा त्वरितगति सङ्कल्प-रथमा
चढी उड्दाउड्दै अति वितत आलोक-पथमा ।
पर्‍यो सामुन्नेमा अति चहकिलो दिव्य नगरी
थियो जो शोभाको निरूपम महासागर सरी ॥

२५

त्यहाँ पुग्नासाथै गति शिथिल भैगो नयनको
खुशीको हावालो विकसित भयो भाव मनको ।
जता फर्की हेर्‍यो सुखमय उतै राम-रमिता
थियो कस्तो कस्तो प्रथम कविको उच्च कविता ॥

२६

विधाताको यद्वा नियति-गतिको लाखन थरी
चमत्कारी लीला सबतिर सदा सूचित गरी ।
बनेको बेगिन्ती उस नगरमा रङ्गमहल
मिही ज्योतिर्धारा पलपल उकेल्थे झललल ॥

२७

झुलेका इन्द्रेनी सब भवनमा तोरण बनी
ध्वजामा नाचेको चपल बिजुलीको सनसनी ।

अटाली वा बुर्जा सब गगनचुम्बी चहकिला
नगीचै देखिन्थे शशधर जहाँबाट धमिला ॥

२८

कतै छन् स्वर्गङ्गाजल-रचित छाँगा र छहरा
कतै क्रीडावापी, छरछर कतै दीर्घ फुहरा ।
कतै अग्ला ज्योतिर्मय मणिशिला-शैल हँसिला
कतै राम्रा राम्रा कुसुममित लताकुञ्ज रसिला ॥

२९

हिरा, मोती, पन्ना प्रभृति भरिला रत्नहरूको
प्रभा मात्रै हाली कुसुमरसमा कल्पतरूको ।
जमायेको जस्तो उस नगरको अद्भुत छवि
कलम्द्वारा सारा लिन कसरि शक्ला कुन कवि ?

३०

जरैदेखी हेर्दा जुग जुग जहाँ शून्य जरा
जवानीको मात्रै लहलह जहाँ गर्छ लहरा ।
जहाँ आँधी, व्याधि, क्षय, जननको छैन शरण
वहाँको को जान्ने अतुल सुखको त्यो विवरण ?

३१

बगेकी चौतर्फी कलकल सदा शान्ति-सरिता
हँसीला बासिन्दा सरल पुतलीतुल्य छरिता ।
रसीलो आनन्दी हृदय सब ती पौरहरूको
फुकेको फक्रेको सुरभि फुल भैँ कल्पतरूको ॥

३२

दया, मैत्री, श्रद्धा, प्रणय-रसले शीतल सब
सबैको हिस्सामा अतुल मनचिन्थे छ विभव ।
सबै मार्यादा वा विधि-नियमको पालन गरी
रमायेका दैवी विषय-सुखमा निर्जर सरी ॥

३३

न ता शङ्का, सुर्ता, भय, विरह-बाधा छ उनमा
न निन्दा, विद्वेष प्रभृति अरू दुर्दोष मनमा ।
न देखिन्थ्यो काहीँ कटु वचनले दूषित गला
अहा ! कस्तो राम्रो अमृतमय त्यो जीवन-कला ॥

३४

त्यहाँको त्यो दैवी गुणमधरिमाको चहकमा
फसेको यो मेरो नयन मनमोजी बहकमा ।
भयो घुम्दाघुम्दै उस बखत आश्चर्य-चकित
जसै देख्यो ढोकाउपर कविता निम्नलिखित ॥

३५

"धरित्रीमा सत्य, श्रम र पसिनाको भर परी
तपस्या जो गर्छन् सरल मनले जीवनभरी ।
तिनैको त्यै सत्य, श्रम र पसिना-रूप तपको
चिरस्थायी यै हो परिणति उज्यालो गजबको ॥

३६

गरी भुट्टा, बाङ्गा, छल, कपट वा जाल बहना
पियेका छन् जस्ले मुफत, अरूका उष्ण पसिना ।

यहाँ त्यस्ता दम्भी पुरुष धरणीका धनपति
कुनै छैनन्, ज्यादै तल छ तिनको गर्हित गति ।।"

३७

पढी त्यो ढोकाको सरल खँदिलो श्लोकयुगल
उदेकाई केही समयतक फेरी तल तल ।
म फर्कैँ, फर्कायेँ नय, तर त्यो दिव्य नगरी
रह्यो मेरो भित्री हृदयपटमा चित्रित सरी ।।

३८

निरूपम पसिनाका स्वर्गको सार सार
मसँग सब बताई भित्र अर्कै विचार ।
लिइ मुनि बनिहाले मौन भावैक धाम
म पनि मनन त्यस्को गर्न लागेँ तमाम ।।

✦✦

षोडश विश्राम

१

मुनिबाट सुनेर त्यो सब
पसिनाको परिपाक-गौरव ।
कवि जाँगरिलो हुँदै गये
अमिरी जीवनमा घृणा लिये ॥

२

यहाँ यै चौकीमा कठिन तपको जीर्ण पगरी
गुती बस्ताबस्तै नियतिवश त्यो दृष्टि त्यसरी ।
पुग्यो माथी माथी, विधि-नियम हेर्‍यो, तल झर्‍यो
पर्‍यो अर्कै छाया, सकल धमिलो संशय मर्‍यो ॥

३

चलेथ्यो यो मेरो नयन जसरी त्यै किसिमले
जगत् सारा हेर्दै चरम गिरि-पारी रवि चले ।
रह्यो केही वेला तुहिनगिरिका उच्च शिरमा
उपर्ना भैँ रातो दिवसकरको कान्ति-गरिमा ॥

४

चरा, गाई, ग्वाला, कृषकहरू साऽऽनन्द सुरमा
सबै फर्के, लर्क्यो भुवनभर अकै मधुरिमा ।
निशाले तत्कालै तल तल तमोरूप कबरी
लतारी ताराका कुसुमकलि उन्दै शिरभरी ॥

५

नवीना त्यो श्यामा सरस ललिताऽऽकार रजनी
सबैमाथी गर्थी प्रणयसुखको पूर्ण पजनी ।
तमासा त्यो देखी उदयगिरि हाँस्यो अलि अलि
फुक्यो जस्ले गर्दा विषय-सुखको मञ्जुल कलि ॥

६

समेटी बिस्तारै मृदुल करले चारु कबरी
निशालाई मानू प्रणयवश आलिङ्ग्गन गरी ।
उठे सुस्तै सुस्तै प्रमुदित निशानाथ विमल
बन्यो साह्रै राम्रो गगनमय त्यो रङ्गमहल ॥

७

पखाली ज्योत्स्नाले मुखमलिनता दोष रजनी
भयैं राम्री गोरी अब त म भनी गद्गद बनी ।
सफा ऐना जस्ता विमल सरमा कान्ति मुखको
झुकी हेर्थी मानू अनुभव लिँदै स्वर्ग-सुखको ॥

८

बनी चल्दो फिर्दो सरस मुटु जस्तै गगनको
शशी शोभा छर्दै भुवनभर सर्वत्र जुनको ।
उदायेका देखी मुदित मुख पारी कुमुदिनी
सबै हाँसे, हाँसी अझ मसुमुसू रम्य रजनी ॥

९

प्रिया रात्री काली, प्रियतम शशी उज्ज्वल अति
अँगाल्दा उस्लाई हृदयबिच, कालो अलिकति ।

सरेको हो यद्वा प्रणय-सुखको सम्मिलनमा
परेको हो छाया निविड कबरीको वदनमा ॥

१०

प्रभाद्वारा गर्दै हृदय दुनियाँको परवश
चढ्यो माथी सुस्तै अमृत चुहुँदो रौप्य-कलश ।
तमासा त्यो खासा प्रणयसित हेर्दै टुलुटुलु
म थालेँ वा मेरो हृदय हुन थाल्यो ढुलुमुलु ॥

११

पगालेको चाँदीमय किरणमाला टललल
जटामा बग्नाले अमृत-रस छर्दै सललल ।
हुँदै जान्थ्यो मेरो स्तुति-वचनमा गद्गद गला
म भन्थेँ साठी होस् अमृत-करको शीतल कला ॥

१२

त्रियामा त्यो श्यामा अमृत-करका दिव्य करमा
बनी धन्या मान्या प्रमद-जननी विश्वभरमा ।
नराम्री होस् कन्या तर वर गुणी लायक भये
हुनासाथै पाणि-ग्रहण, उसका दुर्दिन गये ॥

१३

थिये साना-साना किरण-कणिका जो गगनमा
बिपत्ता भो सत्ता सकल तिनको एक छिनमा ।
रहे यौटा दोटा पर पर उज्याला अलि अलि
गराये संसारै अमृतकरले नै झिलिमिली ॥

१४

चमत्कारी शोभा चमचम सबैतर्फ छरियो
धराको छातीमा अमृतमय माधुर्य भरियो ।
विना यस्तै नेता धरणितलमा वा मुलुकमा
प्रजा अन्धो दुःखी कसरि रहला शान्ति-सुखमा ?

१५

ठुलाको सानाको रतिभर कुनै भेद नगरी
स्वयं निःस्वार्थी भै अमृत सबमा शीतल भरी ।
उदायेका देख्दा अमृतकर नीलो गगनमा
घुम्यो अर्कै छाया उस बखत मेरो नयनमा ॥

१६

बिचैमा लर्केको रजत-घट देखी तरतरी
चुहुन्थ्यो वा बग्थ्यो जुन अमृतको शीतल भरी ।
खुशीले त्यो प्यूँदै चपचप गरी चञ्चु-चपल
चकोर-श्रेणीले जुन सब गन्यो पूर्ण सफल ॥

१७

जुनेली त्यै शोभामय सुरधुनीमा खलखली
नुहाई वा थापी शिर, अटल भै कत्ति नचली ।
भिजायेँ बिस्तारै मगज, बहुतै शीतल भयेँ
पछी सुस्तै फेरी नयनयुग माथीतिर दियेँ ॥

१८

विवेकी नेताको नगिच दुनियाँको मन सरी
पुग्यो फेरी आँखा अमृतकरमा खायस धरी ।

वहाँ हेर्दाहेर्दै हृदय-दहमा लाखन थरी
उठे उत्प्रेक्षाका अति सरल सङ्कल्प-लहरी ॥

१९

बसी स्वर्गङ्गाको निकट सुरकन्या सब मिली
सफा तेही डल्लो अमृत-करका साबुन दली ।
चुहाई चौतर्फी अमृत-रसधारा तरतरी
नजाने धुन्थे कि प्रणयसित फोयेर कबरी ?

२०

जलक्रीडा गर्दा अमर कुँवरीले नगिचमा
फराकीलो नीलो गगनमय चट्टानबिचमा ।
फुकाली राखेका सब चहकिला भूषण सरी
थिये झिल्के तारा उस बखत सारा वरिपरि ॥

२१

स्वयं गोता मारी अमर-तटिनीमा दिनभरी
किनारामा उत्री किरण-फुहरामा जल भरी ।
पखाल्थे वा मैलो गगन विधुले नत्र कसरी
बहन्थ्यो चौतर्फी अमृतमय त्यो शीतल भरी ?

२२

बनायो कस्ले त्यो रजत-घट ? पीयूष उसमा
भऱ्यो कस्ले ? पोत्यो कुन सकसले दिव्य सुषमा ?
कहाँ देखी निस्क्यो ? उपर उपरै चल्छ कसरी ?
कहाँ पुग्ने होला ? गगनपथको मङ्गल गरी ॥

२३

अघी मात्रै नीलो जुन गहन विस्तीर्ण पथमा
थिये त्यस्तो चर्को दिनमणि निरालम्ब रथमा ।
अहो ! त्यै बाटोमा अमृत चुहुँदो शीतल शशी
चलेका छन् ऐले भुवनभर गोरोचन घरी ॥

२४

चिसो तातो सोमाऽऽनलमय महादीपक दुई
दुवै हत्केलामा लिइकन कतै डग्न नदिई ।
घुमाई को, कस्तो हरबखत नीराजन-विधि
अहो ! गर्दो होला मधुर छवि छर्दै निरवधि ?

२५

अहो ! पालैपालोसँग रवि शशी नित्य यसरी
घुमी जाँची सारा निमिषभर विश्राम नगरी ।
नफोर्दा होउन् ता मलिन तमको उग्र पहरो
कठै ! के निस्कन्थ्यो छरछर गरी सृष्टि-छहरो ॥

२६

यती गम्दागम्दै बहुत छिपियो नीरव निशा
बनी एकैनासे मुदितमुख हाँसे दश दिशा ।
हवा मानू सुस्तै अमृत-रसका मन्थन गरी
घुस्यो नौनी घस्तै किन किन मुटूमा सरसरी ॥

२७

म त्यो प्यूँदाप्यूँदै सुखमय जुनेली रसझरी
डुबैँछू चुर्लुम्मै हृदय-दहमा गद्गद परी ।

वहाँ पुग्नासाथै ढकमक भयो जीवन-कलि
मुटूले भेट्टायो गगन-गुरूको रूप सकली ॥

२८

बिलायो वा पग्ल्यो तन, पलकमा छङ्ग म भयेँ
गुरूब्रह्मा भन्दै गुरूचरणमा पस्न गयेँ ।
म सम्झ्यो मै मात्रै, गुरूचरण सम्झ्यो गुरू गुरू
नरोला त्यो वेला कुन अबुझ चेला धुरूधुरू ?

२९

खुशी भै सामुन्ने वर अभय मुद्राकन धरी
खडा सर्वव्यापी परम गुरूको दर्शन गरी ।
घुमायेँ चौतर्फी नयन तर त्योतर्फ नमिली
भयो मेरो तीखो नयन नयनैमा इलिमिली ॥

३०

न ता देखेँ पर्दा दिवस-रजनीको नगिचमा
न ता सन्ध्या, तारा, ग्रह न त धरा सिन्धुबिचमा ।
न भास्यो आकाशै, न फिर अवकाशै अलिकति
अहा ! कस्तो कस्तो अति अगम त्यो व्यापक चिति ॥

३१

म त्यो वेल फेरी गुरूचरण सम्झीकन झुकेँ
झुकेँ माने सृष्टि-स्थिति-नियम भन्दा पर लुकेँ ।
कसो भो ? के के भो ? फगत म थियेँ गद्गद अति
अहो ! मैले मेरै उस बखतको सम्झिनँ गति ॥

३२

खुशिसँग सब यस्तो शान्ति-पीयूष-वृष्टि
श्रुतियुगबिच गर्दै टप्प चिम्लेर दृष्टि ।
मुनिवर चुप लागे पूर्ण आनन्दसाथ
भुलन शकिनँ मैले भाग्यको त्यो प्रभात ॥

✦✦

सप्तदश विश्राम

१

परिपूर्ण   पवित्र   सुन्दर
मुनिको शान्ति-सुधा-सरोवर ।
अलिबेर   पछी   छचल्कियो
श्रुतिमा शीतलता भरी-दियो ॥

२

डुबी एकाम्मे भै अगम परमाऽऽनन्द चितिमा
म उत्रैं बिस्तारै अविदित कुनै दीर्घ मितिमा ।
खुल्यो थोरै आँखा, हृदय कलनाले फिरिफिरी
हिलायो तत्कालै मृदु पवनले पल्लव सरी ॥

३

उदेकायैं केही, मगज तह लायैं, पवनको
थमौती ल्यायैं गति, कल चलायैं वचनको ।
घुमायैं चौतर्फी नयन, मुसुकायैं, अलिकति
सबै देख्दै आयैं क्षणिक दुनियाँको परिणति ॥

४

म फेरी टोह्लायैं, स्मृतिपथ सबै उज्ज्वल भयो
अँध्यारोमा मानू नियतिवश सूर्योदय भयो ।
उताको त्यो भास्यो घन चिति-चमत्कार बिपना
यताको यो सारा तप र तपसी-जन्म सपना ॥

५

बिलायो निद्रा वा जटिल ममताको घनघटा
मुटूले भेट्टायो बहुत रसिलो जागृति-छटा ।
जता लायो आँखा झलमल उतै राम-रमिता
अनौठाको भास्यो प्रथम कविको विश्व-कविता ॥

६

तिनैपत्रे कापी, कलम तिनचुच्चे, तिन थरी
मसी चोपी बग्दो मधुर तिनधर्के पन भरी ।
मिलाई लेखेको क्षरमय सफा अक्षर सब
सबै मर्मस्पर्शी उस कवि-कलाको अनुभव ॥

७

मिलेका छन् मात्रा लघु गुरू, मिलेको छ विरती
सबै छोटा लामा लय-मिलित छन् छन्द अझ ती ।
मिलेको शैली त्यो, मिलित पदविन्यास रचना
अमिल्दो निस्कन्थ्यो कसरि उसको काव्य-कलना ?

८

नयाँ राम्रा राम्रा अगणित अलङ्कार उसमा
पदैपिच्छे बग्दो ध्वनिकृत चमच्कार-सुषमा ।
चिरस्थायी भावोदय छ भरिलो, छैन कटुता
कठै ! कस्ले जान्ने प्रथम कविको काव्य-पटुता ?

९

भरीलो यो लामो तप तप चुहेको मह सरी
चमत्कारी, भारी मधुर, भरिएको रस-झरी

सदा एकैनासे प्रचुर गुण, गाम्भीर्य, गरिमा
नजान्नेका लागी तर अति विषालू मधुरिमा ॥

१०

हजारौँ के लाखौँ रसिक रसिलो जीवनभरी
सबै टण्टा छोडी विविध कवि-सम्मलेन गरी ।
मजा लिन्छौं भन्दै प्रथम कविका काव्य-रसको
बिलायेको देखेँ नबुझ्ञिकन क्यै मर्म उसको ॥

११

झुकेँ केही तेही सकल कविता हेर्न म पनि
चढ्यो हेर्दाहेर्दै मगजबिच उल्टो सनसनी ।
फुक्यो त्यस्ले गर्दा कमलफुल भैँ फर्क हृदय
उडीहाल्यो कालो मधुकर सरी बन्ध-विषय ॥

१२

उड्येथ्यो त्यो कालो भ्रमर उरदेखी जब अनि
रूवा भैँ हल्का भो निमिषभरमा जीवन पनि ।
बिलायो बिस्तारै विशद बिपनाभित्र सपना
जुटीहाले मानू प्रणयसित गङ्गा र यमुना ॥

१३

तिनै ढोका भत्के उस नगरका जीव जसमा
करोडौँ सङ्ख्यामा हरबखत रून्छन् सकसमा ।
म छू त्यै चौकीमा, तदपि उस भन्दा पर भयेँ
थला मारी मारी नउठिकन अर्कै घर गयेँ ॥

१४

त्यहाँ पुग्दा साथै मन मगज राम्रै बदलियो
सदा पीछा गर्दो विकट भयको भूत छलियो ।
म सुस्तायँ सुस्तै तनविषयको मान, ममता
गयो गल्दै गल्दै विलय हुन थाल्यो विषमता ॥

१५

मर्‍यो ताल्चा ताल्चाउपर, परनिन्दा पर सर्‍यो
निराशाले आशाउपर अति खासा घर गन्यो ।
तितीक्षाको शिक्षा हृदय लिन लाग्यो हरघडी
गये डुब्दै डुब्दै कठिन सपनाका सब घडी ॥

१६

बनी वाञ्छा दासी, मतलब उदासी हुन गयो
दया भै अंखासी, शठ हठ हट्यो वा लय भयो ।
चितामा गै चिन्ता, सकल शकियो शोक बिचरो
बिदा माग्यो, भाग्यो द्रुतगति असन्तोष छिचरो ॥

१७

हवामा हल्लेको शिमल-फुल भैँ कर्मगतिमा
रह्यो यद्वा लड्क्यो तन, नयन भो मुग्ध चितिमा ।
शुक्यो देख्दादेख्दै अगम गहिरो मोह-जलधि
सबै बिर्सीहालेँ विषयतिरको रोदनविधि ॥

१८

म यस्तो, त्यो त्यस्तो, किन ? कसरि ? भन्ने सब गयो
छ जो जस्तो, उस्तो उस बखत भास्यो, पर भयो ।

जहाँ जो देख्यो त्यो कमलदलमाथी जल सरी
अलग्गै बस्ने भो हृदयबिच संसर्ग नगरी ॥

१९

यसो भो, यो होला अनि म गरूँला कार्य यसरी
यहाँको यो भन्ने अति गहन सङ्कल्प-लहरी ।
हराये, बाँकी भो हृदयबिच खाली परहित
फुर्च्यो पन्था अर्कै बहुत सजिलो पापरहित ॥

२०

नसा, मासू, हड्डी, रगतहरूको देह-गठरी
सदा, फेर्दै बोक्तै थकित भइ चल्दो जुगभरी ।
कठै ! निर्धो दुब्लो गतरूचि अहङ्कार-भरिया
ढल्यो तर्नासाथै रज र तमको दीर्घ दरिया ॥

२१

भ्रिटो भाम्टो फाली सकल अधिको रङ्ग बदली
छरीतो भै फुक्तै मधुर परमाऽऽनन्द-मुरली ।
खडा भो त्यो मेरै अति नगित भन्दा नगिचमा
ममा मिल्दै आयो विमल जल भैँ दूधबिचमा ॥

२२

म हाँसैँ, त्यो हाँस्यो, पर पर सख्चो भेद फरक
डुब्यो त्यै हाँसोमा बहुत जुनिको स्वर्ग-नरक ।
त्यहाँ देखी दोस्रो जड-भरतको छाडन गरी
म हाँसेको हाँस्यै अभ्रतक छँदैछू हरि ! हरि ॥

यहाँ यो पृथ्वीमा अबुझहरुका दृष्टि-पुटमा
म रुन्चे जस्तो छू, तर उस पिताको निकटमा ।
सबै मेरो हाँसो हरबखत पुग्दोछ मुखको
पितालाई मात्रै अनुभव छ यो हास्य-सुखको ॥

यसरि अगम भित्री भाव वा सच्चरित्र
भनि मुनि अलमस्ती मस्त भै भित्र भित्र ।
फिर मुसुमुसु हाँसे, किन्तु भो वाक्य बन्द
कमलबिच निदायो मुग्ध मानू मिलिन्द ॥

✦✦

अष्टादश विश्राम

१

हँसिलो मुनिका मुहारको
फिर त्यो सुन्दर सूक्ति-हारको ।
छविमा मन रङ्गियो अति
पर भाग्यो अरू सम्झने गति ॥

२

ममात्रै हाँसैं वा अरू पनि कुनै हास्यरसमा
डुबेका छन् ? भन्ने सरल हँसिलो तर्कवशमा ।
परी हेरैं फेरी सबतिर हँसीलो मुख गरी
सबै हाँसे हाँसोमय भुवन भास्यो हरि ! हरि ॥

३

विधाता हाँसेको, नियम अझ उस्को हिलिलिली
मजैमा हाँसेको हरकिसिमका रङ्ग बदली ।
उता हाँस्तै निस्क्यो गगनतल नीलो खितिति
मिहीं उस्को हाँसो बुझ्न कुन शक्ला सितिमिति ?

४

कठै ! तेही रित्तो गगनतल सिंहासन गरी
नभोगङ्गा हाँसिन् हरतरहका साधन भरी ।
उता सुस्तै नीलो गगनपथमा निर्भय पसी
सबै हाँस्तै दौडे ग्रहगण र तारा, रवि, शशी ॥

५

तिनैको त्यै ज्योतिर्मय मधुर हाँसो तल झरी
हँसायो वा हाँस्यो मुसुमुसु उज्ज्यालो सुरपुरी ।
यता पृथ्वी हाँसिन् जलधि-घट काखीबिच धरी
पनेर्नी जस्ती भै घुमि-घुमि लगायेर नचरी ॥

६

निशा हाँसी कालो वसन तमको चट्ट पहिरी
लुकामारी खेल्दै दिनसँग बडो कौतुक गरी ।
दगुर्दा गर्मायो दिवस, तर हाँस्यो हिलिलिली
निहारी सन्ध्याको अरूण सुखशय्या मखमली ॥

७

लबर्पाँडे कालो तरूण रसिलो बादल पनि
तमासा त्यो देखी हृदयबिच लाग्यो र मुहुनी ।
ठुलो खित्का छोडी गगनभर घुम्दै फनफनी
जथाभावी हाँस्यो सबतिर गन्यो आँखामिचनी ॥

८

अहा ! त्यै वेलामा तरूण-घन-लीलावश परी
परी जस्ती गोरी चपल बिजुली त्यो अघि सरी ।
उसैका छातीमा लुटुपुटु परी निर्भर ढली
मजा मानी मानू प्रणयसित हाँसी हिलिलिली ॥

९

नगीचै त्यै मीठो ध्वनि जलदको साऽऽदर सुनी
लता-वृक्ष-द्वारा प्रणयवश रोमाऽऽञ्चित बनी ।

धरा फेरी हाँसिन्, कुसुम-रस वा सौरभ घना
थियो मानू सानू मधुर उनको हास्य-रचना ॥

१०

हवा चाहीँ बाठो चटकपटु जादूगर बनी
लुकी निक्कै हाँस्यो, मुसुमुसु हँसायो फुल पनि ।
छुट्यो घुम्टी, हाँसे मुदित मुख पारीकन दिशा
कुना लागी मस्के अलिकति लजायेर विदिशा ॥

११

मिहीँ सेतो दन्तद्युति तुहिनको दर्शित गरी
सबै हाँसे खोली मुखमय दरी उन्नत गरी ।
नदी, नाला, झर्ना सब मधुर खित्कामय थिये
तिनैले त्यो शोभा अझ डबल चर्को गरिदिये ॥

१२

जवानी उर्लेका हँसमुख ठिटीतुल्य सब ती
नदी, नाला, झर्ना लिइकन बडो चञ्चल गति
घुमी नाच्दै कुदै अभयसित थाले छिहिलिन
चले हाँस्तै हाँस्तै, जलधिसित भो मस्त मिलन ॥

१३

फिँजारी फैलाई प्रबल रसिला बाहु-लहरी
अँगाली जम्बै ती तरुण वयले मुग्ध नखरी ।
लडी खित्का छोडी जलधि पनि हाँस्यो हिलिलिली
खिँची उस्को पानी रवि-किरण हाँसे अझ बली ॥

१४

ठुला साना प्राणी, मनुज, पशु, पक्षी, कृमितक
सबै हाँसे, हाँस्यो समयगति खोलेर पलक ।
धमीलो भोगाSSशा सकलतिर हाँस्यो र सबको
हँसायो चौतर्फी क्षणिक सुख-सौन्दर्य भवको ॥

१५

चिची, पापा, नाना, बुबु र पुतलीका रहरमा
खुशी माग्दै हाँस्यो चपल शिशु ता मस्त सुरमा ।
पिछा लागी उस्को लुकि लुकि गरी आँखमिचनी
जवानी झन् हाँस्यो मुसुमुसु 'म कहो हूँ चिन' भनी ॥

१६

जवानीका साथै प्रिय वर-बधूका हृदयको
खिँचातानी हाँस्यो पहिरिकन माला प्रणयको ।
हँसायो त्यस्ले झन् मधुर मुख दाम्पत्य-सुखको
कठै ! त्यस्मा हुन्थ्यो मनुज, पशु, पक्षी विमुख को ?

१७

हँसीलो त्यै भित्री प्रणयसुख थापीकन गुरू
सबै हाँस्तै आये सुख-सयलका साधनहरु ।
तँ हास्यो, त्यो हाँस्यो, प्रभु, तिमी-तपाई-हजुर-म
सबै हाँस्यो लाखौँ थरि विषमताको 'स रि ग म' ॥

१८

ठुलो हाँ हाँ साथै विषय-ममतामा ढलिमली
गरी नाता हाँस्यो रगत-पसिनामा मिलिजुली ।

तिखा आँखा तर्दै 'तँ तँ र म म' को सम्भ्रम गरी
घुमी झन् झन् हाँस्यो भुवनभरमा भ्रान्ति-भुमरी ॥

१९

क्षुधा तृष्णा दोटी शरम नभयेका सहचरी
बसी भित्रै हाँसे अनलसित आलिङ्ग्गन गरी ।
तिनैको त्यै भित्र प्रणयरस वा तृप्ति-सुखमा
भुली हाँस्तै दौङ्ग्यो हरकिसिमको खाद्य मुखमा ॥

२०

कतै हाँस्यो खाना बहुत रसिलो वा अति मिठो
कतै निल्नै गाह्रो मलिन मडुवा-फापर-पिठो ।
मिठो देख्दा हाँस्यो रुचि रहर वा लालच अति
घृणा, निन्दा हाँस्यो मलिन नमिठोमा खितितिति ॥

२१

उता द्यौता हाँसे सब मनुजका पालक बनी
यता हाँसे दुःखी मनज बिचरा बालक बनी ।
बिचैमा त्यो हाँस्यो जिनतिन कठै ! धर्म बिचरो
धकेल्दै उस्लाई हिलिलिलि गन्यो स्वार्थ छिचरो ॥

२२

अँठ्याई अर्काको सहज-सुख वा जीवन-विधि
सुख हूँला भन्ने कटु समझले दूषित गिदी ।
जथाभावी हाँस्यो हिलिलिलि, कठै ! सत्य र नियाँ
कुना लागी हाँसे बनिकन बडो खिन्न बानियाँ ॥

२३

महत्त्वाकाङ्क्षाको प्रखर छवि हाँस्यो सकलको
प्रतिस्पर्धा हाँस्यो छल, कपटको बुद्धि-बलको ।
बडो झर्को लाग्दो रगडमय चर्को खलबली
झिकी हाकाहाकी रण-रहर हाँस्यो हिलिलिली ॥

२४

बली, बाठा, टाठा, कुटिल, कपटी जीवहरूको
चलाकीमा हाँस्यो भय, मरण वा बन्ध अरूको ।
खुँडा, भाला, बर्छा, परशु, खुकुरी, नेल, पिँजरा
सबै हाँसे, हाँस्यो हरकिसिमको कष्ट खतरा ॥

२५

बनी जाली पत्री प्रकृति-सुखको सुन्दर गला
पुँजी जम्बा गर्ने नियम अथवा सञ्चय-कला ॥
मिहीं खित्का छोडी गजबसित हाँस्यो मनुजमा
जबर्जस्ती हाँस्यो अझ डबल भै त्यो दनुजमा ॥

२६

जती भोगाऽऽशाको विकट मुख हाँस्यो खितिखिती
उनी हाँस्तै निक्ले किन किन कडा कष्ट फजिती ।
यता हाँस्तै निक्ले विविध बढिया वैद्य र बुटी
उता हाँस्यो नङ्गा मरण-तिथि साथै भुटभुटी ॥

२७

हटाई पैसाले ग्रह, दिनदशा, व्याधि सकल
म भोगूँला धेरै विषय-सुख भै पुष्ट सबल ।

भनी लाल्चा गर्ने अबुझहरूको दर्पण सरी
जरा हाँस्यो पोती सबतिर सपेती शिरभरी ॥

२८

म खाऊँ मै लाऊँ, सुख, सयल वा मोज म गरूँ
म बाचूँ, मै नाचूँ, अरु सब मरुन् दुर्बलहरू ।
भनी दाह्रा धस्ने अबुझ शठदेखी छक परी
चिता खित्का छोडी अभयसित हाँस्यो मरिमरी ॥

२९

सबै मेरो मेरो भनिकन अघी जीवित छँदा
स्वयं हाँस्थ्यो हेरी जुन विभव वा दौलत सदा ।
पछी उस्को देखी क्षणिक मनको अन्तिम गति
उही हाँस्यो 'तेरो अब कति छ' भन्दै खितिखिति ॥

३०

चिताको त्यो ज्वाला धपधप बली अन्तिम गति
सबैको यस्तै हो भनि बहुत हाँस्यो खितिखिति ।
धुवाँ हाँस्तै दौड्यो, वितत पथ हाँस्यो गगनको
खरानी झन् हाँस्यो, मुख मलिन पारी पवनको ॥

३१

चिताको चौतर्फी करुण बिलनाको वश परी
छिनेको मोतीको लहर सरि आँशू बरबरी ।
झरी हाँसे, हाँस्यो विरह बिचरो बन्धुजनको
रुवाबासी साथै हिलिहिलि गन्यो मोह मनको ॥

३२

चितामा चित् खाई चटचट गरी देह-ममता
डढी जाँदा हाँस्यो बहुत खुशि भै खिस्स समता ।
लिई खाली सानू स्मरणमय बत्ती पिलिपिली
विधाताको कालो विलय-विधि हाँस्यो हिलिहिली ॥

३३

दुखी जाँदा हाँस्यो सहज-सुख वा शान्ति अभय
सुखी जाँदा हाँस्यो अति कठिन बाधा अनुशय ।
दुवैको एकै हो विलय, तर हाँसो फरक भो
कसैको त्यै हाँसो सुरपुर, कसैको नरक भो ॥

३४

म हाँसेको, हाँसोमय छ सबको जन्म-निधन
नहाँसेको एकै चिज पनि कुनै भेट्न शकिनँ ।
गयो झन् झन् बढ्दै भुवनभर हाँसो निरवधि
जगद्व्यापी हाँस्यो मुसुमुसु चिदाऽऽनन्द-जलधि ॥

३५

कठै ! त्यो वेलामा उभय गुरू-चेला सँग थियौं
पछी हाँस्ताहाँस्तै विधिवश दुवै बेगल भयौं ।
म फर्कें यै चौकी उपर गुरू त्यै पूर्ण पदमा
रहेँ रित्तै हाँसी अतुल परमाऽऽनन्द-मदमा ॥

सकल तय गरेका दुःखको दीर्घ रस्ता
मुनिवर अलमस्ती दृष्टिको त्यो अवस्था ।
मसिता सब बताई रोकियो टक्क फेरि
क्षणभर मुख मेरो स्नेहका साथ हेरी ॥

✦✦

एकोनविंशति विश्राम

१

कवितुल्य बनी गरे खुला
तपसीले जुन काव्यको कला ।
मनले सब त्या गर्मैं पनि
फिर बोले मुसुकाउँदै मुनि ॥

२

अघी देख्नासाथै मकन, सहसा भक्तिरसले
भिजी श्रद्धा राखी करयुगल जोडेर खुशिले ।
मलाई सोधेथ्यौ जुन जति कुरा त्यो क्रमसित
सबै छाती खोली कविवर ! बतायैं तिमिसित ॥

३

रहँछू कस्तो वा कुन किसिमको यो म तपसी
सहँछु, भोगेँछु कति कति कुरा आसन कसी ।
बुझ्ने हौला मेरो कठिन सब त्यो जीवन-गति
भये केही बाँकी बुझ्न, सुन फेरी अलिकति ॥

४

म मात्रै के ? मेरा अगणित सबै बान्धव जनि
तपस्या यै गर्छन् सहिकन इनै कष्ट फजिती ।
धरित्रीमा यस्ता विविध नभये धीर तपसी
खरानी भै उड्थ्यो भुवन अथवा केवल मसी ॥

५

भयेथ्यो यो पैले जुन बखत भूगोल-रचना
बसेका हुन् बस्ती उस बखत हाम्रा सब घना ।
भनी व्याख्या गर्थे मुदितमुख पुर्खाहरू अघि
बिपत्ता भो जस्को लय-जलधिमा जीवन बगी ॥

६

पछी हामी प्यारा विविध उनका सन्तति भयौं
धरामा बिस्तारै क्रमसित सबै फैलिन गयौं ।
बढ्यौं डाँडा-काँडातक सकल छोपी अलि दिन
पछी घट्तै आयौं नियतिवश लाग्यो र कुदिन

७

विधाताको हाम्रा उपर करूणा-गौरव छँदै
धरित्रीमा अन्धो मनुज-कलको जन्म नहुँदै ।
बितेका हाम्रा ती शुभ दिवस यद्वा शुभ घडी
थिये मानू भाग्योदय-जनित बुट्टा फुलजडी ॥

८

पछी उस्ले अन्धो मनुज जहिले सिर्जन गर्‍यो
वहाँदेखी हाम्रो सकल कुलमा संशय पर्‍यो ।
घट्यो आयुर्दाको अवधि, भयको सङ्क्रम भयो
कठै ! हाम्रो हत्या उस मनुजबाटै शुरु भयो ॥

९

खुला यद्वा नाङ्गा विकट पट मैदान छ जहाँ
धरित्रीको छाती अपढ दुनियाँ चिर्दछ जहाँ ।

वहाँका बासिन्दा अघि सब उनै बान्धव थिये
जथाभावी जस्को मनुजहरूले जीवन लिये ॥

१०

धरा प्यारी छोरी, प्रकृति जननी खास, उनले
दियेका, छोरीका उपर खुशि भै शुद्ध मनले ।
थिये नानारङ्गी विविध तपसी-रूप गहना
उतार्दा ती सारा मनुज गनियो मूर्ख कमिना ॥

११

सहन्छन् जो बाधा मनुज, उस भन्दा शतगुणा
सही चर्को बाधा जलदसित मागी जलकणा ।
धराको वर्षेनी ज्वर मथर गर्ने सब इनै
तपस्वी हुन्, यस्ता सुर-असुर छैनन् अरू कुनै ॥

१२

हुरी, आँधी-ब्यारी, विकट हिम-वर्षा र असिना
कडा लूको धक्का, तरतर लगातार पसिना ।
सहन्छन् सम्झन्छन् उस कठिनताको परिणति
तपस्वीको एकै व्रत छ दुनियाँको उपकृति ॥

१३

सदा त्यो निस्स्वार्थी व्रत नियम थामी अटल भै
रही ठाडै नङ्गा किसिमसँग ती बान्धव सबै ।
सहन्छन् जो चर्को तप-विषयको कष्ट कसला
कठै ! उस्को दिन्छन् प्रतिफल करौंती र बसिला ॥

१४

गरी कब्जा लोहाउपर उसका शस्त्र ननिका
निकाली त्यैद्वारा तप-कुसुमका मञ्जु कलिका
जथाभावी तोड्दै मनुज-कुल सर्वत्र छरियो
अबादीको चारैतिर चहकिलो रङ्ग भरियो ॥

१५

त्यही बढ्दो चढ्दो मनुजहरूको रङ्ग-रसमा
गयो डुब्दै डुब्दे विपुल कुलको वृद्धि-सुषमा ।
रहे बाँकी थोरै, हरकिसिमको छेदन-विधि
खडा भो, साथै त्यो नगिच नगिचै मृत्यु-परिधि ॥

१६

ठुला सोझा सोझा जरठ तपसी बान्धवहरू
कटानीको टाँचा हृदयबिच हेर्दै धुरूधुरू ।
रूँदैछन्, ढल्दैछन् उपकरण लाखौँ थरि बनी
जगत्को गर्दैछन् हरकिसिमले मङ्गल पनि ॥

१७

कसैको देखिन्छन् शिर विकट नङ्गा र मुडुला
कसैका काटिन्छन् कटकट कठै ! हात डुँडुला ।
कसैको ताछिन्छन् कमर, बिचरा रक्तमय छन्
तपस्या त्यो कत्रो ? तदपि सब आनन्दमय छन् ॥

१८

जटा, मासू-छाला सहित हितको जीवन पनि
जथाभावी तोडी, अति कठिन हड्डीतक पिनी ।

कसैलाई गर्छन् मनुज खलमा खूब खलल
लिनालाई भित्री कठिन तपको अद्भुत बल ॥

१९

यहाँ जो जो बस्छन् घर, महल वा गोठ, झुपडी
कुटी, पाटी, पौवा, मठ, विविध शाला, कचहडी ।
सबैमा यै हाम्रो कठिन तपको अन्तिम कला
म देख्दैछू धेरै किसिमसँग त्यो गर्छ सुकला ॥

२०

कडा ग्रीष्म-ज्वाला जुन बखतमा खप्त नशकी
तपस्वी कल्पन्छन् जलदतिर हेरी जल ढुकी ।
कठै ! त्यै वेलामा अझ विकट हालाहल सरी
डढेलाको ज्वाला मनुजहरू दिन्छन् हरि ! हरि ॥

२१

कडा ती कालैका अति कठिन जिभ्रामय तिखा
दगुर्दा बस्तीमा उस बखत दावानल-शिखा ।
हुँदो होला त्यस्ता अटल तपसीको कुन गति
कठै ! त्यो हत्याको मनुज कुन सम्झोस् परिणति ?

२२

हवाले दन्केको उस दहनको त्यो लपलपी
सहन्छन् वर्षेनी तिनिहरू तिनैको हित जपी ।
तमासा त्यो देख्छन् मनुज, तर छन् पत्थर सरी
महत्ताको सम्झोस् तप र तपसीको ? हरि ! हरि ॥

२३

यती भन्दाभन्दै तरूण तपसीका वदनमा
प्रभा अर्कै दौड्यो, सकल बदले रङ्ग छिनमा ।
म हेर्दैछू, सारा तन किरण-रेखामय भयो
ठुलो त्यै चौकीको जरठ तरुमा त्यो अलपियो ॥

२४

बिहानैको चीसो पवन बहनाले सिरिसिरी
खुल्यो आँखा, देखेँ सबतिर उज्यालो मिरिमिरी ।
उही चौकीमाथी विजन पथको त्यै रूखमनि
रहँछू त्यै कापी, कलमहरूकै साथ म पनि ॥

२५

उदेकायैँ, फेरी उपरतिर हेरेँ टुलुटुलु
अहो ! हेर्दाहेर्दै मन माननमा भो ढुलुमुलु ।
बिलायो त्यो कालो सकल अघिको संशय-निशा
रँगायेको देखेँ तप र तपसीले दश दिशा ॥

२६

विजन वितत पन्था धन्य, त्यो वृक्ष धन्य,
उस तरुवरको त्यो फेदको वास धन्य ।
अविचल तपसी ती धन्य, त्यो सूक्ति धन्य
सतत मनन उस्को गर्छ जो, त्यो छ धन्य ॥

✦✦✦✦✦

www.ingramcontent.com/pod-product-compliance
Lightning Source LLC
Chambersburg PA
CBHW030322160726
47992CB00005B/2121